Pierre Gendarme

Jésus de Nazareth dans le temps et l'éternité

Pierre Gendarme

Jésus de Nazareth dans le temps et l'éternité

Introduction à la vie historique de Jésus: de sa naissance à son entrée dans la gloire céleste

Éditions Croix du Salut

Imprint

Cover image: www.ingimage.com

Publisher:
Éditions Croix du Salut
is a trademark of
Dodo Books Indian Ocean Ltd., member of the OmniScriptum S.R.L Publishing group
str. A.Russo 15, of. 61, Chisinau-2068, Republic of Moldova Europe
Printed at: see last page
ISBN: 978-620-3-84154-1

Jésus de Nazareth dans le temps et l'éternité

Introduction à la vie historique de Jésus : de sa naissance à son entrée dans la gloire céleste

Pierre Gendarme

Jésus de Nazareth dans le temps et l'éternité

Essai sur la vérité historique de Jésus et
de l'influence de Jésus sur l'histoire

II

Introduction

Le but de l'ouvrage est de présenter le déroulement historique de la vie terrestre de Jésus et de montrer comment on en vient à dire de Jésus qu'il est Fils unique de Dieu, Sauveur et Roi. L'ouvrage s'efforce de montrer aussi comment Jésus est aujourd'hui Sauveur et Roi.

Ce livre essaie d'éviter deux écueils.
Le premier écueil consiste dans la gnose qui fait de Jésus un mythe sur lequel on projette une nature humaine idéale selon nos conceptions et nos envies.

Le second écueil consiste en un fondamentalisme qui coupe la compréhension de Jésus de son enracinement juif et de la vision qu'ont de Jésus ses premiers disciples et apôtres.

L'essentiel de la vie et du ministère de Jésus se trouve dans les quatre Evangiles.
En lisant les quatre Evangiles, il est important de ne pas perdre de vue que les récits évangéliques se basent sur la vie historique de Jésus à partir de la foi en sa résurrection.
Le ministère de Jésus ne se raconte pas de la même façon si on sait que sa vie et sa mort vont déboucher sur la foi en sa résurrection ou si on ne le sait pas.
Les Evangiles sont une relecture de la vie historique de Jésus à partir de la foi en sa résurrection.

Le lien entre les différents passages des Evangiles appelés les péricopes sera soit un lien chronologique soit un lien moral : par exemple un miracle vient illustrer un enseignement de Jésus (lien moral) sans nécessairement avoir eu lieu immédiatement après cet enseignement (dans cet exemple, absence de lien chronologique).

Ci-dessous se trouve une présentation des quatre évangélistes dont deux sont apôtres :
saint Matthieu et saint Jean.

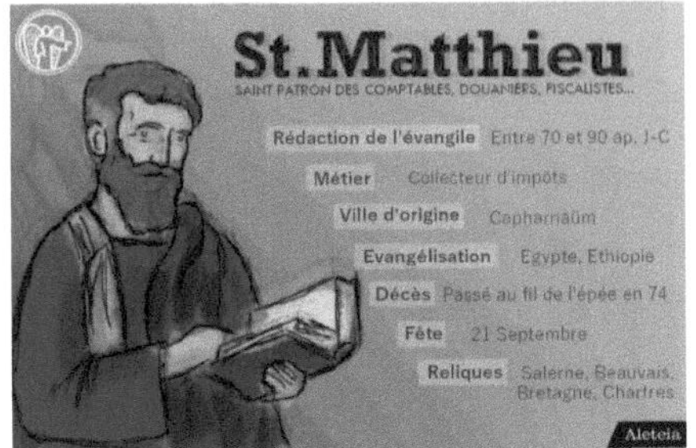

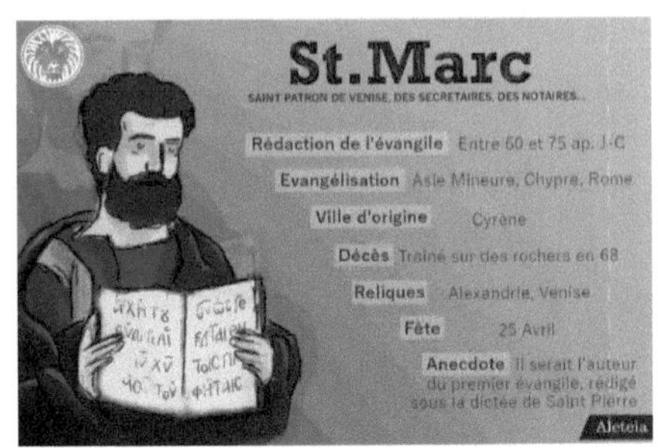

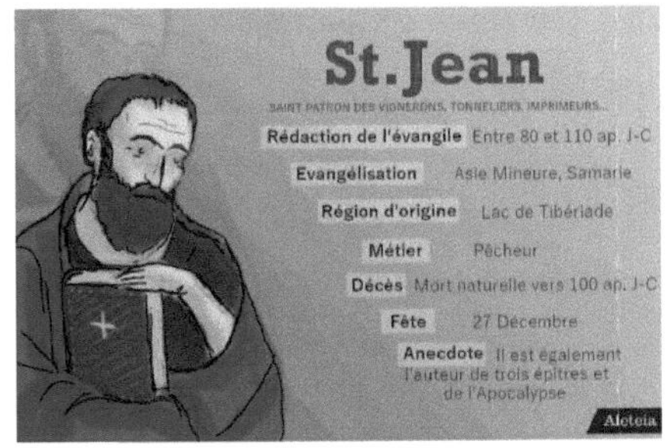

L'ouvrage ci-dessous est divisé en cinq chapitres :

Chapitre I Les dates de naissance et de mort de Jésus

Chapitre II Origine et terme de la vie de Jésus :

La conception virginale de Jésus et sa résurrection

Chapitre III Le portrait de Jésus

Chapitre IV Essai chronologique sur la vie et le ministère de Jésus

Chapitre V Jésus, Fils unique de Dieu, Sauveur et Roi

Chapitre I Les dates de naissance et de mort de Jésus

L'origine de l'ère chrétienne : préambule

Si on est en 2020, on dit que c'est la deux-mille-vingtième année de l'ère chrétienne. Autrement dit le 1er janvier 2020, il y a 2019 années derrière nous et on entre dans la deux-mille-vingtième année. Par contre si on a eu 50 ans le 1er janvier 2020, cela signifie qu'il y a 50 années qui sont passées et qu'on entre dans sa cinquante-et-unième année.

La datation de l'ère chrétienne

année	avant Jésus Christ				après Jésus Christ			
année de fondation de Rome	750	751	752	753	754	755	756	757
ère chrétienne	-4	-3	-2	-1	1	2	3	4

Autrefois on calculait les années depuis le règne de tel empereur ou depuis la fondation de Rome. C'est un moine Denys le Petit qui a eu l'idée de calculer les années depuis la naissance de Jésus. Par différents calculs il établit que l'ère chrétienne commençait en l'an 1 qu'il fixa en l'année 754 de la fondation de Rome. L'année 753 de la fondation de Rome est donc l'année -1 ; le 25 décembre de l'année -1 est la date de naissance de Jésus selon Denys le Petit. Neuf mois auparavant, le 25 mars, était fixé le jour de l'Annonciation qui est le jour de l'incarnation du Fils de Dieu dans le ventre de Marie.

Denys le Petit établit cela en l'année qui est devenue l'année 532 de l'ère chrétienne et nous sommes maintenant en l'année 2020 de cette ère.

années du calendrier civil	-4	-3	-2	-1	1	2	3	4
années du calendrier astronomique	-3	-2	-1	0	1	2	3	4

Dans un calendrier civil ou légal (à la différence d'un calendrier astronomique), il n'y a pas d'année 0. L'année -1 commence le 1er janvier -1 et se termine le 31 décembre -1. Puis commence une nouvelle année, le 1er janvier 1 qui se termine le 31 décembre 1 et puis ainsi de suite, 2, 3, … jusqu'aujourd'hui 2020.

En résumé, Denys le Petit fixe la naissance de Jésus le 25 décembre de l'année 753 de la fondation de Rome. L'année 753 devient l'année -1, 752 l'année -2, …
Par contre l'année 754 devient l'année 1 de l'ère chrétienne, 755 l'année 2 de l'ère chrétienne, … jusqu'aujourd'hui 2020. Il n'y a pas d'année 0 sauf en astronomie.

La date de naissance de Jésus

Hérode le Grand meurt en l'année 750 de la fondation de Rome. Denys le Petit avait fixé la date de la naissance de Jésus en l'année 753, le 25 décembre, et l'année 754 était devenue l'année 1 de l'ère chrétienne. Comme on sait que Jésus est né sous le règne d'Hérode le Grand qui a organisé le massacre des innocents, on pense que Denys le Petit s'est trompé dans ses calculs. On dira alors que Jésus est né fin de l'année -5 car Hérode le Grand meurt au printemps de l'année -4 qui correspond à l'année 750 de la fondation de Rome.

années	avant Jésus Christ				après Jésus Christ			
année de fondation de Rome	750	751	752	753	754	755	756	757
ère chrétienne	-4	-3	-2	-1	1	2	3	4

La première année du ministère public de Jésus, saint Jean dit que Jésus s'entend dire qu'il a fallu 46 ans pour restaurer le Temple de Jérusalem et on critique Jésus qui, parlant indirectement de son corps, déclare qu'en trois jours il peut le reconstruire.

Le roi Hérode le Grand a annoncé le début des travaux du Temple en l'année -20 et les travaux ont commencé en l'année -19. Si on ajoute 46 ans à l'année -19, on obtient l'année 28 de l'ère chrétienne. En effet, de l'année -19 à l'année 1, il y a 19 ans et de l'année 1 jusque l'année 27, il y a 27 ans : 19 ans + 27 ans = 46 ans accomplis. Nous sommes donc entrés dans la 28ème année de l'ère chrétienne. C'est au début de l'année 28 à la Pâque juive célébrée au mois lunaire de Nissan (qui correspond aux mois de mars-avril) que se déroule cette scène (Jn 2, 20).

Chez les Juifs, le mois lunaire correspond à une lunaison qui va de nouvelle lune à nouvelle lune. La nouvelle lune est le moment où la lune est tout à fait invisible. La rotation de la lune autour de la terre n'est pas régulière : la durée d'une lunaison dans le calendrier varie de 29 à 30 jours. Une année lunaire compte 353, 354 ou 355 jours. Pour rattraper l'année solaire qui compte 365 jours, on ajoute une trentaine de jours environ tous les trois ans. L'année lunaire est alors appelée embolismique et compte 383, 384 ou 385 jours. C'est pour cela que dans le calendrier juif ci-dessous figure la possibilité d'un treizième mois appelé Adar II.

Nissan	30 jours	Mars-Avril
Iyar	29 jours	Avril-Mai
Sivan	30 jours	Mai-Juin
Tammouz	29 jours	Juin-Juillet
Av	30 jours	Juillet-Août
Eloul	29 jours	Août-Septembre
Tishri	30 jours	Septembre-Octobre
Heshvan	29 ou 30 jours	Octobre-Novembre
Kislev	30 ou 29 jours	Novembre-Décembre
Tevet	29 jours	Décembre-Janvier
Shevat	30 jours	Janvier-Février
Adar	29 ou 30 jours	Février-Mars
Adar II	29 jours	Mars-Avril

Saint Luc annonce que c'est la 15ème année de l'empereur Tibère que Jean-Baptiste annonce la venue du Messie et commence à baptiser (Lc 3, 1). L'empereur Tibère remplace l'empereur Auguste le 19 août de l'année 14. Le calendrier religieux juif commence au mois de Nissan (mars-avril) mais le calendrier civil juif commence au mois de Tishri (septembre-octobre).

La première année de Tibère va donc du 19 août 14 à septembre-octobre 14. La deuxième année va de septembre-octobre 14 à septembre-octobre 15. La troisième année va de septembre-octobre 15 à septembre-octobre 16 et ainsi de suite si bien que la 15ème année de l'empereur Tibère va de septembre-octobre 27 à septembre-octobre 28. Jésus est donc baptisé par Jean-Baptiste fin de l'année 27 ou début de l'année 28 de notre ère.

Si Jésus commence donc son ministère vers 30 ou 31 ans au début de l'année 28 et meurt sur la croix plus de deux ans après, il a donc 33 ans et quelques mois lorsqu'il meurt sur la croix en l'année 30.

En résumé, si Jésus naît fin de l'année -5, à partir de la fin de l'année -5 à la fin de l'année 27, Jésus sera âgé : de -5 à -4, 1 an ; de -4 à -3, 2 ans ; de -3 à -2, 3 ans ; de -2 à -1, 4 ans ; de -1 à 1, 5 ans ; de 1 à 2, 6 ans et d'ici 27, cela fera 6 ans + 25 ans = 31 ans.

Cela rejoint saint Luc qui annonce que Jésus est âgé d'environ 30 ans lorsqu'il commence son ministère (Lc 3, 23). Si Jésus est né le 25 décembre, alors le 1er décembre, il a seulement 30 ans et 31 ans le 25 décembre.

On compte alors qu'à la fin de l'année 28, Jésus a 32 ans ; fin 29, Jésus a 33 ans et lorsqu'il meurt sur la croix la veille de la Pâque de l'année 30, il a 33 ans et environ trois mois. La question est : si on admet que Jésus est né en décembre -5 ou janvier -4, que penser lorsqu'on dit que Jésus est né le 25 décembre ? Est-ce bien vrai et comment le sait-on ?

Rappelons que pour bien comprendre cet article lorsqu'on recule dans le temps à partir de 2019, 2018, 2017, on arrive à l'an 1 (il n'y a pas dans un calendrier civil ou légal d'année 0). Ensuite de l'an 1, on recule directement à l'année -1, -2, -3, … Les articles précédents ont montré que Jésus est né au plus tôt au début de l'année -4 ou à la fin de l'année -5.
Mais à quelle date précise ?

Ci-dessous le Temple de Jérusalem

Saint Luc dit que Zacharie, alors qu'il était en prière dans le Temple de Jérusalem, était attendu au-dehors par une multitude (Lc 1, 10). Cela veut dire que nous étions à l'époque d'une grande fête. Quelle est cette fête ?

Au sixième mois de grossesse d'Elisabeth, a lieu l'Annonciation à Marie et neuf mois après la naissance de Jésus. Cela veut dire que 15 mois (6 mois + 9 mois) séparent la naissance de Jésus de l'office du grand-prêtre Zacharie, mari d'Elisabeth, dans le Temple de Jérusalem.

En reculant de 15 mois à partir du 25 décembre -5, on arrive 12 mois en arrière à décembre -6 et encore trois mois, on arrive fin septembre -6. Précisément fin septembre commence le mois de Tihsri, 1er mois de l'année juive et suit alors la fête des Tabernacles (tentes, huttes ou cabanes) qui se déroule à partir du 15 du mois hébreu ou lunaire de Tihsri (à cheval sur les mois de septembre-octobre de notre calendrier).

La fête des Tabernacles porte aussi le nom de fête des Tentes car elle rappelle le séjour des Hébreux dans les tentes du désert et surtout la protection de Dieu.
La fête des Tabernacles est avec la fête de la Pâque juive et de la Pentecôte juive l'une des trois plus grandes fêtes juives et pèlerinages à Jérusalem. Elle dure huit jours du 15 au 22 Tishri compris (septembre-octobre).

Six mois après la date hypothétique du 25 septembre, nous sommes le 25 mars (Annonciation) et neuf mois après, le 25 décembre (Noël), naissance supposée de Jésus. Zacharie appartient à l'une des vingt-quatre classes sacerdotales qui se relaient chaque semaine dans le Temple de Jérusalem. On tire au sort dans chaque classe quel prêtre officiera. Zacharie appartient à la classe d'Abia.

Saint Luc nous le dit dans son Evangile (Lc 1, 5). Après la seconde guerre mondiale, la découverte de nombreux manuscrits rédigés avant l'ère chrétienne et entreposés dans 11 grottes au bord de la mer morte près de Qumrân a révélé que l'un de ces manuscrits contenait un calendrier solaire de 364 jours avec le tour régulier de chaque classe sacerdotale dans le Temple de Jérusalem. Sur une période de six ans, la classe sacerdotale d'Abia est présente deux fois par an et lors d'une des années indiquées, la classe sacerdotale d'Abia à laquelle appartient Zacharie se situe vers la dernière semaine de septembre.
La date du 25 décembre est ainsi une date possible pour la naissance de Jésus.

Ci-dessous quelques grottes de Qumrân

La date de la crucifixion et de la mort de Jésus (vendredi 7 avril 30)

Les quatre évangiles disent que Jésus est mort un vendredi après-midi. Ce jour est lié cette année-là à la fête de la Pâque juive. La fête de la Pâque juive commémore la sortie d'Egypte et le passage de la mer Rouge. La date de la Pâque juive est déterminée par la pleine lune de printemps en mars-avril qui correspond chez les Juifs au mois lunaire de Nissan (mars-avril).

Chez les Juifs, le jour commence la veille au soir. Le jour de la Pâque juive va donc du jeudi soir au vendredi après-midi selon saints Matthieu, Marc et Luc ou du vendredi soir au samedi après-midi selon saint Jean. La divergence s'explique par le fait que les Galiléens avec Jésus suivaient l'observation de la lune tandis qu'à Jérusalem on fixait sans doute le 1 Nissan selon un calendrier établi et à partir de là on fixait les dates des fêtes de toute l'année liturgique dont certaines ne devaient pas tomber un jour ou la veille d'un jour qu'on ne devait pas travailler pour ne pas enfreindre le repos du sabbat. C'est ce qu'on a appelé la règle de Badu qui s'est élaborée sur plusieurs siècles. En fêtant Pâque le vendredi, le soir c'est déjà le sabbat, jour qu'on ne peut pas travailler. Si on fête Pâque le samedi, le soir, c'est déjà dimanche et on peut travailler.

Or il y a seulement deux années où la pleine lune tombe un jeudi soir ou un vendredi. Le calendrier des Romains appelé calendrier julien du nom de Jules César indique le vendredi 7 avril 30 et la date du vendredi 3 avril 33. Le calendrier julien a été ajusté en 1582 et est maintenant appelé calendrier grégorien du nom du Pape Grégoire XIII. C'est le calendrier que nous avons dans notre cuisine ou notre agenda.

Saint Luc annonce dans son Evangile que Jésus avait environ 30 ans lorsqu'il a commencé son ministère (Lc 3, 23). En étant né au plus tard en fin -5 ou début -4, Jésus aurait eu au moins 36 ans en l'année 33. Comme son ministère a commencé vers 30 ans et a duré de 2 à 3 ans, on exclut la date du vendredi 3 avril 33 car Jésus aurait eu environ 36 ans au lieu de 33 ans. On retient donc seulement la date du vendredi 7 avril 30. Les Juifs déterminent la fête juive de Pâque à la pleine lune de printemps.

Le mois hébreu est toujours un mois lunaire qui commence à la nouvelle lune (la nouvelle lune désigne le moment où la lune est tout à fait invisible). Le milieu du mois commence le 14 au soir (qui est déjà le 15 pour le calendrier juif), vient ensuite la pleine lune qui diminue de plus en plus et se termine avec la nouvelle lune.
La pleine lune de printemps commence avec le 14 au soir du mois hébreu de Nissan qui correspond au mois de mars-avril de notre calendrier.

En l'année 30, la pleine lune de printemps eut lieu à 19h25 en temps universel (méridien de Greenwich à Londres, longitude 0°) le jeudi 6 avril comme on peut en prendre connaissance sur le site de l'institut de mécanique céleste et de calcul des éphémérides de Paris www.imcce.fr .
Jérusalem est à 35°13' longitude Est si bien que 19h25 équivaut à peu près à 21h25.
Jésus meurt donc le lendemain vendredi 7 avril 30.

Ainsi selon l'observation de la lune, la veille de Pâque est le jeudi soir puis le vendredi matin est le jour de Pâque. Jésus institue l'Eucharistie le jeudi soir. Pour les calculs du calendrier établi à Jérusalem, Pâque tombe du vendredi soir au samedi (le sabbat). C'est ce que rapporte l'Evangile selon saint Jean. Pour les synoptiques, le jeudi soir, c'est déjà le 15 Nissan tandis que pour l'Evangile selon saint Jean, le 15 Nissan commence le vendredi soir.

En l'année 30, le 1er janvier étant un dimanche, on peut facilement trouver que le 7 avril était un vendredi, janvier comptant 31 jours, février 28 jours (l'année 30 n'est pas une année bissextile) et mars 31 jours. Aussi Jésus commence-t-il à se manifester vivant à partir du dimanche 9 avril 30.

Chapitre II Origine et terme de la vie de Jésus :

La conception virginale de Jésus et sa résurrection

Aux yeux de la foi ce qui distingue Jésus, ce ne sont pas d'abord ses miracles et son enseignement qu'on retrouve par ailleurs chez beaucoup de Prophètes ; les Prophètes ne sont pas des personnes qui prédisent l'avenir mais qui montrent par leurs paroles et leurs actions la présence de Dieu maintenant et dans le futur.

Ce qui fait de Jésus une énigme, c'est plutôt le début de sa vie et son terme.

Au terme de sa vie la résurrection de Jésus apparaît comme une confirmation de ce que les hommes n'avaient pas admis : l'innocence de Jésus et le fait qu'il soit bien l'égal de Dieu. Par sa résurrection, Jésus nous obtient une vie nouvelle : la grâce qui nous fait participer à la vie intérieure de Dieu.

Il nous faut dans un premier temps aborder le début de la vie de Jésus, à savoir sa conception virginale. On confond souvent conception virginale et immaculée conception. La conception virginale désigne la conception de Jésus dans le ventre de Marie, conception – disent les Evangiles – qui s'est faite sans la coopération d'un homme, dans ce cas-ci de saint Joseph. L'immaculée conception désigne non pas la conception de Jésus mais la conception de Marie dans le ventre de sa mère, sainte Anne. On dit que c'est une conception immaculée car dès sa conception, Marie a été totalement immergée dans la grâce de Dieu. Son âme n'a pas contracté le péché originel qui nous vient de nos ancêtres.

Tout comme la résurrection, la conception virginale de Jésus s'est faite dans le secret de la présence de Dieu. Personne n'a vu Jésus qui ressuscitait dans le tombeau mais certains ont vu Jésus ressuscité. Personne n'était présent à l'annonce à Marie par l'archange saint Gabriel, point de départ de la conception et de la gestation de Jésus pendant neuf mois dans le ventre de Marie.

La conception virginale de Jésus tout comme la résurrection de Jésus est signe de la divinité de l'homme Jésus. Jésus n'est pas une personne humaine même s'il est vraiment un homme.

Il est une Personne divine. C'est parce que Jésus n'est pas une personne humaine qu'il n'est pas le fruit de l'union conjugale de deux personnes humaines : un mari et une femme.

En effet Jésus est le Fils unique, naturel et éternel de Dieu qui prend à partir des molécules du corps de Marie de quoi se façonner une nature humaine et un visage humain. Le père « naturel » de Jésus n'est pas une personne humaine mais Dieu le Père lui-même. C'est un peu déconcertant pour l'homme de science et à fortiori le rationaliste bien que la parthénogenèse (conception par une femelle sans l'action d'un mâle) est répandue chez de nombreuses espèces vivantes.

Les chrétiens croient que le Saint-Esprit ne supplée pas l'absence de père naturel car le Saint-Esprit donne à Marie non pas seulement la nature humaine de son Fils mais **donne à Marie son Fils selon la nature humaine**.
Seul Dieu (le Saint-Esprit) peut donner Dieu (le Fils).

Si on parle de conception virginale de Jésus, on parle aussi neuf mois plus tard de la naissance virginale de Jésus qui n'a pas altéré le corps de Marie. Ce n'est pas le rôle de l'Eglise d'entrer dans le comment de la naissance virginale. La science médicale relève quelques cas exceptionnels de telles naissances.

En conclusion on peut dire que personne ne met en doute que Marie était vierge au moment de l'annonciation. Les Evangiles selon saint Matthieu et saint Luc affirment clairement la conception virginale de Jésus et avec la Tradition de l'Eglise, sa naissance virginale. Mais reste la question qu'on devra élucider : Marie n'a-t-elle pas eu d'autres enfants ou Jésus avait-il des frères et des sœurs ?

La virginité perpétuelle de Marie

L'Eglise pense que l'événement de l'annonciation a été tellement inattendu pour Marie que cet événement l'a comblée au-delà de toute mesure. Par l'Esprit Saint qui lui a été donné, elle s'est donnée à son tour tout entière à l'éducation et à l'accompagnement du Sauveur. Ainsi Marie et saint Joseph au lieu de se donner l'un à l'autre dans l'union conjugale, illuminés par la grâce de Dieu, se sont donné l'un et l'autre à la formation du Sauveur, leur Fils.

Dès les tout premiers siècles, on a affirmé que Jésus n'avait pas de frères et sœurs naturels. Ainsi parlent dès le 2ème siècle le Protévangile de Jacques ainsi que saint Clément d'Alexandrie et Origène d'Alexandrie aussi. Eusèbe de Césarée, évêque de Césarée au bord de la Méditerranée, écrit dans son livre « Histoire ecclésiastique » que Simon et Jude, frères de Jésus sont les fils de Clopas, frère de saint Joseph.

Seuls Tertullien et Helvedius se sont écartés de cette croyance. Cela a suscité la vive réaction de saint Jérôme contre la position d'Helvedius. Le mot « frère » revêt de nombreuses acceptions dans le domaine de la parenté.

L'Evangile selon saint Matthieu parle des quatre frères de Jésus et de toutes ses soeurs (Mt 13, 55-56). Les quatre frères de Jésus sont : Jacques et Joseph, Jude et Simon. Jacques et Joseph sont les fils d'une Marie qui n'est pas la Vierge Marie et qui est désignée comme la mère de Jacques et de Joseph (Mt 27, 56) tandis que la Vierge Marie est toujours désignée comme la Mère du seul Jésus. Jacques et Joseph ne sont donc déjà pas les frères naturels de Jude et Simon. Jésus est désigné comme <u>le</u> Fils de Marie sans allusion à d'autres fils.

Lorsque Jésus, à l'âge de douze ans, se rend à Jérusalem avec ses parents, on ne parle pas d'autres enfants et lorsque Jésus meurt sur la croix, il confie sa Mère à saint Jean faute de frères et sœurs naturels bien que ce geste explicite la maternité spirituelle que Marie exercera à l'égard de tous les croyants (Jn 19, 25-27).

L'événement de la résurrection de Jésus

Le dimanche matin, près du tombeau, lieu de la sépulture, les Evangiles mentionnent la première apparition de Jésus ressuscité. Ce dimanche matin est fort probablement le dimanche 9 avril de l'année 30 du calendrier julien. Seules des femmes en sont témoins.

Les Evangiles en font mention sauf saint Luc. Saint Jean cite seulement Madeleine (Marie de Magdala) et saint Matthieu cite une deuxième femme : « l'autre Marie », mère de Jacques et de Joseph.

Saint Jean note que Marie de Magdala a cru voir dans un premier temps le jardinier et puis elle a reconnu Jésus.

Après l'apparition aux femmes, vient l'apparition à Pierre, aux autres Apôtres et aux deux disciples en route de Jérusalem vers Emmaüs : cette apparition est mentionnée par saint Luc dans son Evangile.

Une apparition de Jésus ressuscité à sa Mère, la Vierge Marie, n'est pas mentionnée dans les Evangiles, ce qui ne signifie pas qu'elle n'a pas eu lieu.

En suivant la perspective de saint Jean, les apparitions de Jésus ressuscité se déroulent d'abord à Jérusalem et ensuite en Galilée où se rendent les disciples. Saint Luc mentionne une apparition de Jésus ressuscité avant l'Ascension. Puis après l'Ascension, les lettres de saint Paul mentionneront d'autres apparitions de Jésus ressuscité.

Est-ce que les femmes ne se sont pas illusionnées ?
L'Evangile présente les choses tout autrement. Loin d'être exaltées, les femmes ont difficile de croire. Marie de Magdala croit voir le jardinier. Les Apôtres pensent voir un esprit ou un fantôme. Il faudra plusieurs apparitions et aussi des paroles et des actes de Jésus ressuscité pour que les Apôtres croient en la réalité de sa résurrection.

Quelle est la nature d'un corps ressuscité ou glorieux ?
Le catéchisme de l'Eglise catholique exprime cela très bien au numéro 645 : … « Le corps glorieux de Jésus n'est plus situé dans l'espace et le temps, mais peut se rendre présent à sa guise où et quand il veut car son humanité ne peut plus être retenue sur terre et n'appartient plus qu'au domaine divin du Père. » …

Quelle place la résurrection occupe-t-elle dans la vie de Jésus ?
On doit dire la place centrale car la mort et la résurrection de Jésus viennent confirmer ce que Jésus a dit de lui-même ou ce qu'il nous fait comprendre de lui-même, à savoir qu'il est le Messie (du mot hébreu qui veut dire oint) ou le Christ (du mot grec qui veut dire oint), qu'il est le Fils de Dieu et qu'il est bien le Roi régnant sur toute la création. Jésus est le vrai Prêtre qui a expié le mal par sa mort et nous a donné la vie divine (la grâce) par sa résurrection.

Qu'est-ce que cela change aujourd'hui pour nous de croire que Jésus est ressuscité ?

1. Tout ce qu'on dit de Jésus devient possible : sa conception virginale, ses guérisons, ses miracles, …
2. Tout devient possible pour nous : vivre avec le Christ ressuscité qui habite notre âme par la foi et la grâce des sacrements. Le Christ ressuscité nous introduit dans la filiation qu'il entretient avec Dieu, son Père devenu notre Père.
3. Etre transformé par sa présence qui nous communique ses qualités divines et humaines dans les vertus surnaturelles (théologales et morales) et dans les dons du Saint-Esprit.

Qu'est-ce que cela change dans la société de croire que le Christ est vivant ?

Pour vivre dans un monde heureux et sauvé, il faut laisser le Christ agir, lui qui est notre Roi. Le Christ est un vrai Roi qui exerce directement non une royauté temporelle mais spirituelle sur les gouvernants et toute la société.

Cela se réalise :

1. Lorsque nos lois s'inspirent des commandements de Dieu et de la loi du Christ.
2. Lorsque nous faisons exécuter les exigences évangéliques ou la loi de Dieu en nous adressant à la volonté libre et consentante des personnes.
3. Lorsque nos jugements sur le plan judiciaire sont fidèles à la loi de Dieu et compréhensifs vis-à-vis des limites et des circonstances dans lesquelles vivent les personnes.

Questions autour de la résurrection de Jésus

Ce qui pose question aujourd'hui ce n'est pas tant la réalité de Jésus ressuscité que le fait que Jésus soit ressuscité. On est prêt à admettre que le corps de Jésus est glorifié ou spiritualisé dans une condition nouvelle qui échappe à l'expérimentation scientifique. Mais ce qu'on a difficile de croire est le fait même de la résurrection de Jésus, que Jésus soit ressuscité.

Cette connaissance ne résulte pas de la recherche philosophique ou scientifique mais vient du fait que c'est Dieu lui-même qui nous l'enseigne à travers les témoins de la résurrection de Jésus que sont les Apôtres et de nombreux disciples qui ont rencontré Jésus vivant.

Et si les Apôtres s'étaient trompés ?

Les Apôtres n'ont pas seulement vu Jésus. Ce qui fonde la foi, ce n'est pas d'abord que les Apôtres ont vu Jésus mais **c'est le fait qu'ils ont été complètement transformés dans leur âme et leur corps**. Il était plus dangereux pour eux de se réclamer de Jésus après sa mort et sa résurrection qu'avant sa mort. Les Apôtres ont dû aussi exercer leur foi pour discerner dans l'apparition qu'ils avaient les traits de Jésus qu'ils ont côtoyé sur les routes de Palestine.

<u>Mais finalement en quoi est-ce fondamental de croire en Jésus ressuscité</u> ?

Jésus a été condamné à mort parce qu'il se revendiquait de nature divine ayant Dieu pour Père. En ressuscitant Jésus, Dieu montre que cela était bien vrai. Comme Fils de Dieu fait homme, le Christ demeure uni à chaque être humain par-delà la mort. En ressuscitant, le Christ nous a élevés jusqu'en Dieu ou bien Dieu est venu en nous. C'est le mystère de la grâce qui est l'habitation du Christ dans notre âme par les sacrements et toutes les conséquences pour nous : les vertus surnaturelles et les dons du Saint-Esprit sont appelés à inspirer nos paroles et à mouvoir nos actions.

Chapitre III Le portrait de Jésus

La face ou le visage de Jésus

Le Nouveau Testament ne nous décrit pas l'apparence physique de Jésus. Il y apparaît comme Dieu ; en même temps il est éprouvé par le péché de l'homme et par sa propre passion qui le mènera à la résurrection. Existe-t-il des portraits de Jésus ?

Dès les tout premiers siècles, Jésus est représenté comme le bon pasteur ou le bon berger dans les catacombes de Rome.

La représentation la plus ancienne serait copte et a été découverte en Egypte (ci-joint à droite).

Ci-dessus la plus ancienne représentation de Jésus dans les catacombes

On parle du légendaire voile de Véronique qui aurait disparu mais que certains identifient au voile de Manoppello, sanctuaire situé dans les Abruzzes non loin de Rome.

Il existerait aussi un portrait imprimé miraculeusement pendant la vie de Jésus et donné au roi Abgar, roi d'Edesse (aujourd'hui Urfa en Turquie).

A Lucques (Lucca) en Italie, est conservé un crucifix en bois qui aurait été confectionné par saint Nicodème, auquel contrairement aux autres portraits on n'attribue aucune origine surnaturelle.

Mais le portrait le plus connu est celui du Saint-Suaire conservé à Turin et propriété du Saint-Siège. Il s'agit en fait du linceul qui aurait enveloppé le corps de Jésus.

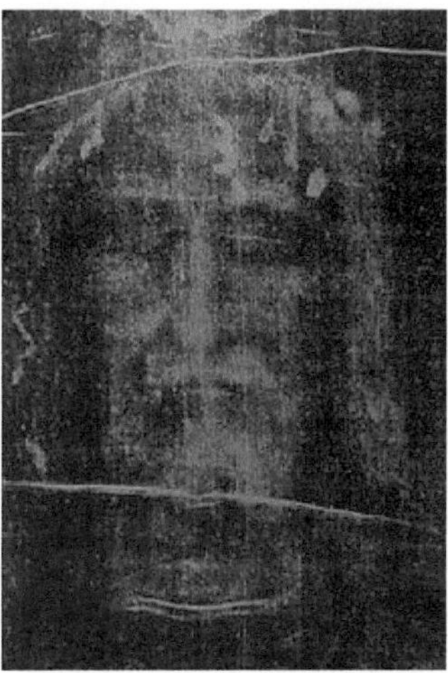

Le mot suaire désigne le linge posé sur la tête du défunt et qui serait conservé à Oviedo en Espagne. Signalons enfin dans le domaine des reliques supposées la tunique d'Argenteuil conservée près de Paris et qui aurait appartenu à Jésus mais ce n'est évidemment pas un portrait.

La représentation ci-dessus serait la plus ancienne icône du Christ (VIème siècle) offerte au monastère Sainte-Catherine aujourd'hui grec-orthodoxe au Sinaï.

Comment Jésus était-il habillé ?

Pour répondre à cette question reprenons la description faite par Daniel-Rops dans son livre (Jésus en son temps, t. 2, Paris, Librairie Arthème Fayard, 1945) à la page 374 :

« Son vêtement ne devait guère différer de ceux qu'on voit encore aux campagnards de Palestine. La tête couverte d'une pièce d'étoffe serrée au font, tombant sur les épaules, le keffieh d'aujourd'hui. Les cheveux et la barbe longs, très vraisemblablement. Sur le corps une tunique en toile de lin qu'on gardait en toute saison ; par temps froid un manteau de laine qui, selon les prescriptions mosaïques, devait porter aux angles des houppes bleues, ces houppes mêmes que toucha la femme hémorroïsse. Quand il priait, mettait-il le manteau rituel blanc à bandes violettes et fixait-il à son front, à ses poignets, les « phylactères », petites boîtes contenant des versets de la Loi ? Trois ceintures faisaient partie de l'usage courant : l'une liait les vêtements, l'autre, à poches, servait de bourse, et l'on enroulait autour de soi la troisième, longue d'une quinzaine de mètres, quand on partait en voyage. Aux pieds, les sandales étaient ce qu'on voit encore en Palestine : simples semelles tenues par des courroies, ces courroies que Jean-Baptiste s'était dit indigne de délier.

Quand il se déplaçait, il demandait l'hospitalité à tel ou tel : l'usage était traditionnel et l'est, dans une large mesure, demeuré. Dans une des pièces de la maison, ou sur une terrasse, on installe un matelas bourré de paille, une sorte de hamac en cordage, ou plus simplement une peau, une natte de jonc, un tapis. On dort volontiers aussi en plein champ ; la nuit fraîche est délice, après la chaleur du jour, et il fait doux reposer, la tête dans un pan du manteau, au cœur d'un silence qu'emplissent de présence les myriades d'étoiles, jusqu'à l'heure où éclate, avec l'aube, « le cri aigu des pâtres auprès des auges (auge = récipient dans lequel boivent et mangent les animaux domestiques) ». »

La maison de Nazareth et la vie quotidienne

Le village de Nazareth se situe à une altitude de 400 mètres et est entouré de collines. Du sommet de la colline on distingue à l'ouest le mont Carmel et à l'est le mont Thabor. La mer Méditerranéenne se situe à 48 kilomètres à l'ouest et le lac de Tibériade (ou mer de Galilée) à 24 kilomètres à l'est. Les villages à l'époque comprenaient une place (marché) et une rue bordée d'échoppes où les artisans fabriquaient et vendaient leur production. A cela s'ajoutaient les champs avec les vignobles autour du village. Les habitants parlaient araméen.

Semblable aux autres maisons, la maison de la Sainte Famille se situait auprès de ce qui est aujourd'hui à Nazareth la basilique de l'Annonciation. La maison comprenait sans doute une pièce peut-être divisée en deux ; la maison était plutôt cubique avec un toit plat ; elle était en terre battue, en briques sinon en pierre calcaire, avec une petite cour où se trouve le four en briques (argile) et peut-être une citerne creusée dans le roc pour ramasser l'eau de pluie. Dans la cour se trouvent habituellement quelques animaux : mouton, chèvre, poule ou âne. On faisait sa toilette dans la cour et pour dormir, on s'enveloppait dans son manteau peut-être sur une natte. L'étendue du village reste imprécise, peut-être une cinquantaine de maisons.

La maison du charpentier n'avait pas tout à fait le même sens qu'aujourd'hui : elle désignait le lieu de la fabrication d'objets en bois ; ces objets étaient rangés à l'intérieur de l'habitation. La maison était éclairée avec des lampes à huile.

La vie religieuse

1. Les pèlerinages

Les pèlerinages à Jérusalem avaient lieu en principe trois fois par an : à la Pâque, à la Pentecôte et à la fête des Tentes (Tabernacles ou Huttes). Les voyages ne sont pas faciles, et si l'homme est juché sur un âne, l'épouse doit le suivre à pied. On faisait plus de 30 kilomètres par jour et plus de 100 kilomètres séparaient Nazareth de Jérusalem. La route s'allongeait si l'on suivait en Pérée (l'est de la Palestine) la vallée du Jourdain pour éviter les tracasseries des Samaritains à l'endroit des pèlerins venus de Galilée. Il fallait donc voyager en groupe, sans trop savoir où couraient les enfants.

2. La prière en famille

Il y a évidemment la prière lors du sabbat et des jours de fête.
Dans le courant du 1er siècle, les hommes commencent à prendre l'habitude de se rendre à la synagogue le jour du sabbat.
A la synagogue, Joseph et Jésus s'y rendaient chaque sabbat (samedi). La veille du sabbat, à la maison, la femme allumait la lampe à huile.

A la maison, il existe des bénédictions de nourriture notamment sur le pain et sur le vin, des formules de prière lors des purifications que l'on fait sur soi ou sur des objets. On prie Dieu lors d'un événement heureux ou en cas de malheur.

Poussés par les pharisiens, les hommes récitaient deux fois par jour le Shema Israël (Ecoute Israël, voir Dt 6, 4-9) et la prière du Shemone Esre (dix-huit bénédictions). Jésus avait appris le kaddish, la prière qu'on déclamait par exemple aux funérailles d'un membre du village. Les femmes devaient veiller à la mezouzah (étui abritant un parchemin sur lequel sont écrits des versets du Deutéronome : Dt 6,9 et Dt 11,20) fixée sur le linteau de la porte.

3. La synagogue

Le mot synagogue et après lui le mot église désignent d'abord l'assemblée avant de désigner par la suite le bâtiment dans lequel on se rassemble.

Dans la Diaspora, il semble, au témoignage de Luc, que des femmes s'y joignaient (Ac 16,13). L'assemblée était présidée par un chef de synagogue. Certains noms sont connus : Jaïre en Galilée (Mc 5, 22) et Sosthène à Corinthe (Ac 18, 17). L'office comprend des hymnes, psaumes et bénédictions. Cet office est structuré autour de deux textes des Saintes Ecritures : un passage de la Torah (Loi de Dieu qui se trouve dans le Pentateuque, les cinq premiers livres de notre Bible). Ces lectures en hébreu étaient traduites en araméen par un traducteur. Ces traductions et commentaires en araméen sont à l'origine des targums. De ces commentaires ou homélies, il est resté l'homélie célèbre de Jésus dans la synagogue de Nazareth après un certain temps d'absence (Lc 4, 16-30). Saint Paul fera une homélie dans la synagogue d'Antioche de Pisidie (Ac 13, 16-41).

Dans les Evangiles, Jésus prie le psaume 22 sur la croix (Mt 27, 46), le Shema Israel (Mc 12, 29) et cite le décalogue (Lc 10, 26-27).

Tout ce qui est explicité ci-dessus montre que Dieu était bien présent dans la vie des Juifs tout au long de la journée comme dans le déroulement de toute une année.

Chapitre IV Essai chronologique sur la vie et le ministère de Jésus

A la lecture des quatre Evangiles, on se rend compte qu'on peut diviser le ministère de Jésus en trois grandes parties suivant les fêtes de la Pâque juive.

1. De la fin de l'année 27 au début de l'année 28, Jésus est baptisé par Jean-Baptiste, accomplit son premier miracle à Cana et se rend à Jérusalem pour la fête de la Pâque juive. Selon saint Jean, c'est cette année-là que Jésus chasse les vendeurs du Temple affirmant ainsi que Dieu est son propre Père et que le Temple de Jérusalem est sa maison. Cela suscite un fort étonnement et une admiration à son égard.
2. La deuxième année de son ministère public commence alors en Galilée, de la Pâque juive de l'année 28 à la Pâque juive de l'année 29. L'Evangile ne dit pas que Jésus se rend à Jérusalem pour la Pâque juive de l'année 29 mais il réalise le miracle de la multiplication des pains près de Bethsaïde au nord-est du lac de Tibériade. Dans la synagogue de Capharnaüm, Jésus fait un discours sur le pain de vie dans lequel il se présente lui-même comme une nourriture pour notre âme et toute notre vie. Cela suscite un nouvel étonnement chez beaucoup.
3. La troisième année va de l'année 29 jusque la Pâque juive de l'année 30 au cours de laquelle Jésus mourra crucifié et de façon inattendue va apparaître comme vivant et suscitant une multitude de fidèles. C'est la naissance des chrétiens et de l'Eglise.

Vers le 25 décembre -5 : naissance de Jésus

Vers décembre 27 ou janvier 28 : baptême de Jésus par Jean-Baptiste à Béthanie au-delà du Jourdain qui se situe peut-être en face de Bethabara. Jésus accomplit son premier miracle à Cana et va s'installer à Capharnaüm.

Mars 28 : Jésus chasse les vendeurs du Temple à Jérusalem. La fête de la Pâque juive durait huit jours. En retournant à Capharnaüm, Jésus passe par la Samarie (rencontre de la Samaritaine au puits de Jacob) et accomplit son deuxième miracle à Cana (guérison du fils du fonctionnaire royal).

Vers juin 28 : les apôtres arrachent en chemin des épis de blé. Jésus délivre le message des béatitudes. Plus tard Jésus se rendra à Naïm où il ressuscite le fils de la veuve. Paraboles. Exorcisme de l'autre côté du lac de Tibériade (épisode des porcs précipités dans le lac). A Nazareth, Jésus est rejeté par les siens.

Vers avril 29 : Jésus ne semble pas se rendre à Jérusalem pour la fête de la Pâque juive mais multiplie les pains, annonce de l'Eucharistie. Les Juifs sont assis sur l'herbe verte (Mc 6, 39). Par après Jésus se rendra plus au nord à Tyr et Sidon et aussi à Césarée de Philippe où Simon-Pierre confessera sa foi. Transfiguration.

Octobre 29 : Jésus est à Jérusalem pour la fête des Tabernacles ou des Tentes, fête qui rappelle le séjour des Hébreux dans le désert (récit de la femme adultère et de la guérison d'un aveugle-né).

Décembre 29 : Jésus est à Jérusalem pour la fête de la Dédicace du Temple de Jérusalem.

Vers janvier 30 : Jésus fuit à Béthanie au-delà du Jourdain (Jn 10, 40-42). Cette localité est différente de l'autre Béthanie où habitaient Marthe, Marie et Lazare.

Vers février 30 : Jésus ressuscite Lazare à Béthanie.

Vers mars 30 : Jésus se réfugie à Ephraïm et rencontre Zachée à Jéricho.

Samedi 1er avril 30 : onction à Béthanie

Dimanche 2 avril 30 : Rameaux

Jeudi 6 avril 30 : institution de l'Eucharistie

Vendredi 7 avril 30 : mort de Jésus

Dimanche 9 avril 30 : résurrection : Jésus apparaît vivant à ses proches qui sont fort étonnés.

Le dernier jour de la vie terrestre de Jésus

Le jeudi 6 avril 30 (calendrier julien), Jésus envoie deux de ses disciples, Pierre et Jean (Lc 22, 8) pour préparer le repas pascal chez un habitant de Jérusalem. La salle se trouvait à l'étage avec des coussins. Le repas pascal devait se manger après le coucher du soleil, dans la nuit de la pleine lune du mois de Nissan.

A la salle haute Jésus et ses apôtres se couchaient autour de tables basses en s'appuyant avec le coude gauche sur un coussin. L'ordre des apôtres attablés avec Jésus semble être celui-ci :

André Jean Jésus Judas Simon le Zélote

Simon-Pierre	Thaddée ou Jude
Jacques, frère de Jean	Jacques d' Alphée
Philippe	Thomas
Nathanaël	Matthieu

C'est parce que Jean est couché devant Jésus qu'il peut lui parler de bouche à oreille. C'est parce que Judas est couché dans le dos de Jésus que celui-ci peut lui mettre une bouchée de pain dans la bouche (Jn 13, 26).

Avant de s'installer à table, on servait une coupe de vin (1ère) avec des légumes crus, des herbes amères et de la compote de fruits. Une fois attablés, on servait une coupe de vin (2ème) avec les plats d'agneaux, légumes, herbes amères, fruits et pains azymes (sans levain). Celui qui présidait racontait le passage de la mer rouge (pâque) et on priait les psaumes 113-114. On bénissait la deuxième coupe de vin et le pain azyme. Le repas commençait réellement. Venait alors l'action de grâce et on buvait une coupe de vin (3ème). Cela doit être à ce moment que Judas est sorti. Après avoir prononcé la prière sacerdotale, Jésus a donné son corps et son sang en prenant un pain azyme non encore rompu et une coupe de vin (4ème). Après avoir prié les psaumes 115-118, Jésus se rend au jardin de Gethsémani.

Cette nuit du jeudi au vendredi matin Jésus est arrêté et conduit chez le grand-prêtre Anne et puis chez le grand-prêtre Caïphe. Caïphe avait déjà décidé de condamner Jésus à mort lors d'une séance du sanhédrin qui regroupe les grands-prêtres et les pharisiens. C'est cette nuit qu'a lieu aussi le triple reniement de Pierre. Dans la matinée du vendredi Jésus est conduit chez Pilate. Vers midi la condamnation de Jésus est prononcée (Jn 19, 14). Jésus est alors atrocement flagellé et conduit vers une butte surélevée nommée Golgotha, proche de la muraille d'enceinte de la ville.

Jésus est crucifié et une fois mort il est déposé dans une tombe toute proche du lieu de la crucifixion au-dessus de laquelle se dresse aujourd'hui la basilique du Saint-Sépulcre à Jérusalem. Jésus a été condamné à mort pour deux raisons :

1. Pour les Juifs, Jésus a blasphémé car il a prétendu avoir Dieu pour Père, se faisant ainsi l'égal de Dieu puisqu'il partage la nature divine.
2. Son succès auprès des foules pouvait engendrer un soulèvement populaire qui aurait engendré une répression désastreuse des Romains. C'est ce qui expliquerait la décision finale de ceux qui ont condamné à mort Jésus qui était innocent de toutes les accusations portées contre lui.

La mort volontaire de Jésus demeure quelque chose de mystérieux. Aux yeux de la foi, cette mort va apparaître comme l'expiation de tout le mal qui est dans le monde et comme le moyen de notre salut qui commence dans l'événement de la résurrection de Jésus. La résurrection vient confirmer ce que Jésus a prétendu être : le Fils unique de Dieu.

La science de Jésus

Tout le ministère de Jésus va apparaître comme un dévoilement par Jésus lui-même de ce qu'il est : le Fils unique de Dieu qui nous sauve en nous reliant à Dieu dans sa Personne et qui fait comme dira saint Paul que nous sommes devenus fils dans le Fils, participants – dira saint Pierre – de la nature divine.

Jésus est à la fois vrai Dieu et vrai homme. On dira de Jésus qu'il possède les natures divine et humaine mais lorsqu'il parle et agit, c'est Dieu le Fils lui-même qui parle et agit. Aussi ne dit-on pas que Jésus est une personne humaine mais une personne divine qui possède bien évidemment la nature divine mais aussi la nature humaine.

Puisque Jésus est vrai homme, il possède une science acquise ou expérimentale : comme chacun(e) d'entre nous Jésus a appris à lire, à connaître par son expérience en grandissant dans son village, en réfléchissant et en priant.

Puisque Jésus est une personne divine, sa nature humaine reçoit une science infuse et une science béatifique.

Dans sa science infuse, la personne divine de Jésus communique quelque chose de sa nature divine à sa nature humaine. Jésus put ainsi connaître de façon innée les choses qui nous entourent et ce qui se passe dans notre cœur comme on le voit dans certains passages de l'Evangile.

A côté de cette science infuse, Jésus possède une science béatifique : Jésus est en relation continuelle avec Dieu son Père et perçoit parfaitement qui est Dieu et ce que Dieu attend de Lui.

La science infuse et la science béatifique ne font pas que dans sa nature humaine Jésus connaît tout et est conscient de tout. La psychologie moderne nous a fait découvrir la notion de l'inconscient.

Dans son livre sur la grâce et l'humanité de Jésus, Jacques Maritain fait remarquer que l'inconscient comprend l'infraconscient et le supraconscient. L'infraconscient est ce qui nous précède et qui nous influence sans toutefois dans un premier temps l'avoir directement voulu.

Mais à côté de l'infraconscient existe un supraconscient qui est au-delà de nous et devant nous. Un des meilleurs exemples est celui des inspirations. Nous n'avons apparemment rien fait pour avoir des inspirations. Une fois que nous les avons, on peut les accepter consciemment et les réaliser ; on peut aussi les refuser. Les philosophes classiques parlaient de l'intellect agent qui agit sur nos intelligences.

La vie et le ministère de Jésus

La carte géographique ci-jointe permet de suivre tout le déroulement de la vie de Jésus.

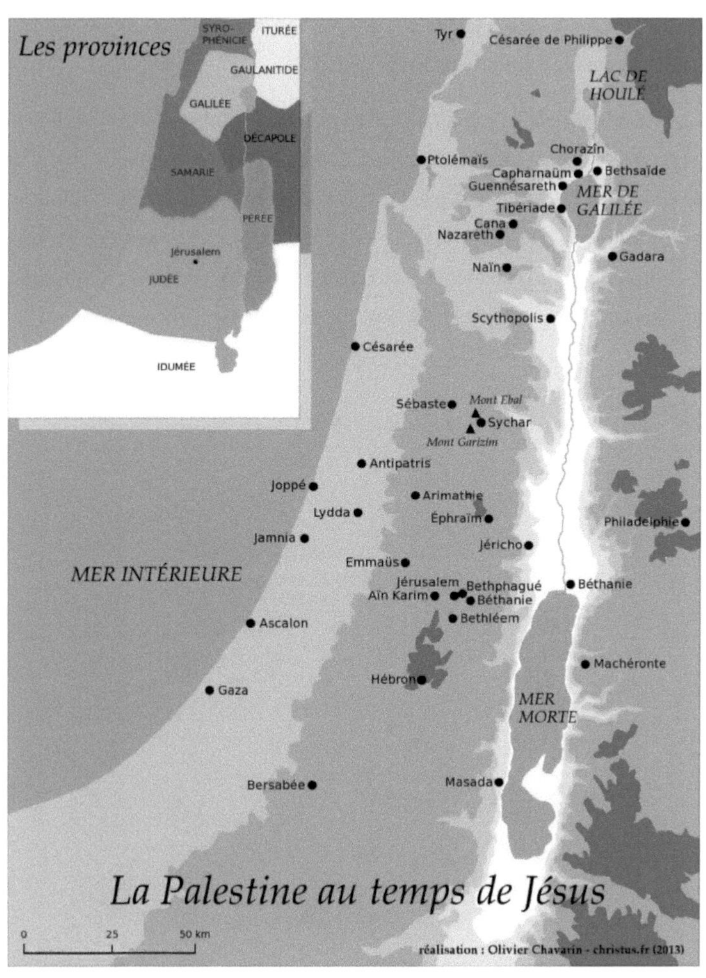
Les provinces
SYRO-PHÉNICIE
ITURÉE
GAULANITIDE
GALILÉE
DÉCAPOLE
SAMARIE
PÉRÉE
Jérusalem
JUDÉE
IDUMÉE
Tyr
Césarée de Philippe
LAC DE HOULÉ
Ptolémaïs
Chorazïn
Capharnaüm
Bethsaïde
Guennésareth
MER DE GALILÉE
Tibériade
Cana
Nazareth
Gadara
Naïn
Scythopolis
Césarée
Sébaste
Mont Ebal
Sychar
Mont Garizim
Antipatris
Joppé
Arimathie
Lydda
Éphraïm
Philadelphie
Jamnia
Jéricho
Emmaüs
MER INTÉRIEURE
Jérusalem
Bethphagué
Béthanie
Aïn Karim
Béthanie
Bethléem
Ascalon
Machéronte
Hébron
Gaza
MER MORTE
Bersabée
Masada
La Palestine au temps de Jésus
0
25
50 km
réalisation : Olivier Chavarin - christus.fr (2013)

Les quatre Evangiles existent pour nous faire découvrir que Jésus est bien le Messie. Ce Messie est le Fils unique de Dieu. Jésus dans sa conscience divine et humaine devra révéler qui il est non pour se mettre en avant mais pour montrer combien dans sa Personne de Fils, Dieu s'est fait proche de nous et nous a sauvés en nous réconciliant avec Lui dans le sacrifice de la Croix et le mystère de la résurrection.

Saint Luc, au début de son Evangile, dit faire appel à de nombreux témoins oculaires pour écrire son Evangile (Lc 1, 1-4). C'est dans le Temple de Jérusalem que Zacharie reçoit l'annonce de la conception et de la naissance de Jean-Baptiste (Lc 1, 5-25) et c'est à Nazareth que Marie reçoit l'annonce de la conception et de la naissance de Jésus (Lc 1, 26-38). La basilique de l'Annonciation à Nazareth est bâtie à l'endroit où Marie reçut l'annonce de l'ange. Plus tard elle habitera avec Joseph et Jésus dans une autre maison.

Ci-dessous vue de Nazareth avec la basilique de l'Annonciation à l'avant-plan

Ayant appris par l'ange Gabriel que sa cousine Elisabeth est enceinte de presque six mois, Marie se rend chez elle Aïn Karim et prononce la prière dite du Magnificat (Lc 1, 39-56).

Ci-dessous le village actuel d'Aïn Karim

Viennent alors la naissance (Lc 1, 57-58) et la circoncision de Jean-Baptiste avec la prière dite du cantique de Zacharie (Lc 1, 59-80). L'ange Gabriel rassure Joseph en lui annonçant comment Marie est devenue enceinte (Mt 1, 18-25).

Le déroulement de la vie de Jésus et ses déplacements

I L'enfance et la jeunesse de Jésus

1. Jésus naît fort probablement à Bethléem vers -5 ou début -4. Il existe une localité appelée Bethléem près de Nazareth. Traditionnellement Jésus est né à Bethléem près de Jérusalem (Lc 2, 1-7). C'est le lieu de naissance du roi David. Des bergers viennent visiter le nouveau-né (Lc 2, 8-20). La circoncision – qui sans doute à l'origine correspond à une hygiène de vie – est signe d'alliance avec Dieu et entrée dans son peuple (Lc 2, 21). Avec la circoncision est imposé le nom de l'enfant, Jésus, qui veut dire Dieu sauve. La basilique de la Nativité à Bethléem serait construite à l'endroit aménagé en étable dans lequel Marie a donné naissance à Jésus.

2. Marie et Joseph présentent leur enfant au Temple à Jérusalem alors qu'ils n'y sont pas obligés. Tout garçon premier-né était d'office consacré au Seigneur ; les parents devaient alors racheter leur enfant. Ici il n'est pas question de rachat : Jésus appartient à Dieu et les parents ne le revendiquent pas pour eux ; ils s'étonnent des propos du vieillard Syméon et de la prophétesse Anne (Lc 2, 22-38).

Ci-dessous vous apercevez au fond de l'image le mur des lamentations que Jésus a connu (mur ouest du Temple de Jérusalem qu'on voit souvent à la télévision), le reste du Temple ayant été détruit sous l'empereur romain Titus en l'an 70.

3. A la suite de la visite des mages venus d'Orient, Joseph, Marie et Jésus fuient en Egypte tandis que se déroule le massacre des Innocents. La présence des mages attestés dans les écrits anciens et représentés dans les catacombes signifient que le salut apporté par Jésus s'étend à toutes les nations (Mt 2, 1-18).

Ci-dessous en pointillé rouge, trajet traditionnel de la Sainte Famille en Egypte

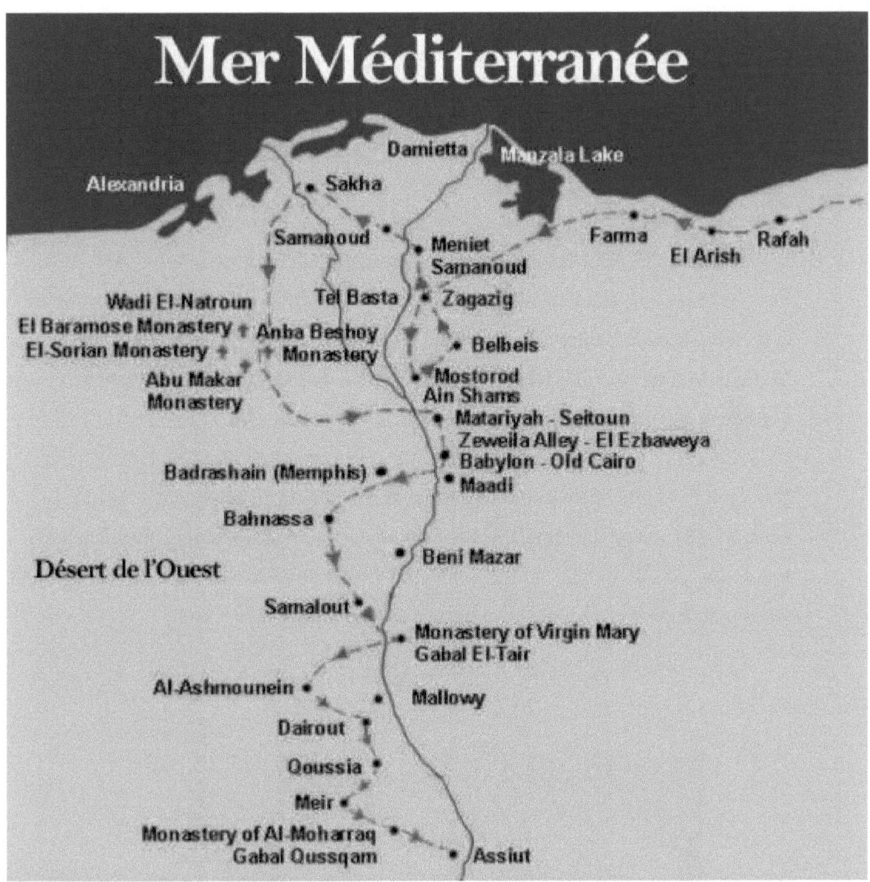

4. A leur retour d'Egypte, les parents de Jésus s'établissent définitivement à Nazareth (Mt 2, 19-23 ; Lc 2, 39-40). Saint Luc note que chaque année ils se rendaient à Jérusalem pour la fête de la Pâque et à l'âge de douze ans, Jésus reste au Temple affirmant de façon déconcertante qu'il est chez son Père (Lc 2, 41-52).

La basilique de l'Annonciation à Nazareth serait construite à l'endroit où Marie habitait avec ses parents Anne et Joachim, là où l'ange Gabriel lui a annoncé qu'elle concevrait et donnerait naissance à Jésus. A leur retour d'Egypte, Marie, Joseph et Jésus auraient habité une autre maison.

II La première année du ministère de Jésus jusque Pâque de l'an 28

1. La prédication de Jean-Baptiste a un grand retentissement (Mt 3, 1-12 ; Mc 1, 1-8 ; Lc 3, 1-18). Celle-ci a lieu à Béthanie au bord du Jourdain. Il ne faut pas confondre cette localité avec l'autre du même nom à l'est de Jérusalem là où habitaient Lazare, Marie et Marthe. Il s'agit ici de Béthanie au-delà du Jourdain ou Bethabara un peu au nord de la mer morte. Jésus est baptisé par Jean-Baptiste (Mt 3, 13-17 ; Mc 1, 9-11 ; Lc 3, 21-22).
   Dans son Evangile, saint Luc introduit ici la généalogie de Jésus (Mt 1, 1-17 ; Lc 3, 23-38). A son baptême Jésus apparaît dans une relation unique avec Dieu qui fait de lui son Fils unique sur qui demeure l'Esprit de Dieu, son Père. Le baptême de Jésus manifeste sa solidarité avec les pécheurs pour qui il est venu.

Cet événement est suivi par les tentations dans le désert traditionnellement situé au Mont de la Quarantaine (Mt 4, 1-11 ; Lc 4, 1-13).

C'est auprès du Jourdain que Jésus appelle ses premiers disciples qui étaient déjà disciples de Jean-Baptiste (Jn 1, 35-51). Il appellera les autres au bord du lac de Tibériade lorsqu'il s'installera à Capharnaüm.

2. De la Judée Jésus se rend alors à Cana. Il faut environ deux jours de marche. Jésus réalise son premier miracle, signe de la nouvelle alliance qu'il est venu instaurer entre Dieu et les hommes (Jn 2, 1-12).

3. Jésus se rend alors à Capharnaüm (environ 20 km au nord-est) où il va s'installer dans la maison de la belle-mère de Simon-Pierre. Il réalise son premier exorcisme à la synagogue de Capharnaüm (Mc 1, 21-28 ; Lc 4, 31-37), guérit la belle-mère de Simon-Pierre (Mt 8, 14-15 ; Mc 1, 29-31 ; Lc 4, 38-39) et fait de nombreuses guérisons (Lc 4, 40-44). Jésus appelle ses quatre premiers disciples (André, Simon appelé plus tard Pierre, Jacques et Jean) (Mt 4, 18-22 ; Mc 1, 16-20 ; Lc 5, 1-11). Une autre hypothèse situe ces événements après le retour de Jésus de la Pâque en l'année 28 et de son second passage à Cana comme expliqué plus bas dans cet article.

4. A l'approche de la Pâque juive, Jésus se rend à Jérusalem. Il passa par Nazareth où il est accueilli avec scepticisme et étonnement (Lc 4, 16-30).

III <u>La deuxième année du ministère de Jésus de la Pâque de l'an 28 à la Pâque de l'an 29</u>

Jésus arrivé à Jérusalem expulse les vendeurs affirmant qu'il est chez lui dans la maison de son Père (Jn 2, 13-25). Les synoptiques place ce récit avant la Passion car dans leur Evangile Jésus ne monte qu'une seule fois à Jérusalem pendant son ministère public. C'est de nuit que Nicodème viendra trouver Jésus alors qu'il est un pharisien qui s'interroge sur la doctrine de Jésus mais avec sympathie et bienveillance pour ce que Jésus enseigne (Jn 3, 1-21).

1. Sur le chemin du retour, saint Jean note que les disciples de Jésus baptisaient à Aenon près de Salim en Samarie (Jn 3, 22-36 - Jn 4, 1-3). Jésus avait appris l'arrestation de Jean-Baptiste (Mt 14, 3 ; Mc 6, 17-20 ; Lc 3, 19-20) et il retourne en Galilée en passant par la Samarie. C'est à Sychar près du puits que se déroule la célèbre rencontre entre Jésus et la Samaritaine aux cinq maris (Jn 4, 4-44).
2. Après les deux jours passés en Samarie, Jésus arrive à Cana le troisième jour. La guérison du fils du centurion romain apparaît comme le deuxième miracle de Jésus à Cana (Jn 4, 46-54 ; Mt 8, 5-13 ; Lc 7, 1-10).
3. Jésus parcourt alors la Galilée en guérissant un lépreux (Mt 8, 1-4 ; Mc 1, 40-45 ; Lc 5, 12-16) et arrive à Capharnaüm où a lieu la guérison du paralytique qu'on a descendu par le toit (Mt, 9, 1-8 ; Mc 2, 1-12 ; Lc 5, 17-26). Jésus revendique le droit de Dieu qui est de pardonner les péchés et vient ensuite l'appel de Lévi-Matthieu (Mt 9, 9-13 ; Mc 2, 13-17 ; Lc 5, 27-32).
4. Après un début prometteur arrivent les premières critiques surtout de la part des pharisiens, scribes plutôt légalistes. Ils commencent à reprocher à Jésus et à ses disciples de ne pas jeûner, d'arracher les épis un jour de sabbat (Mt 12, 1-7 ; Mc 2, 23-28 ; Lc 5, 33-39 – Lc 6, 1-5), de guérir l'homme à la main desséchée le jour du sabbat (Mt 12, 9-14-12 ; Mc 3, 1-7 ; Lc 6, 6-11). Toutefois une foule de plus en plus nombreuse suit Jésus (Lc 6, 17-19).
5. Jésus établit ses douze apôtres (Mt 10, 1-4 ; Mc 3, 14-19 ; Lc 6, 12-16) et prêche le Royaume de Dieu dans les béatitudes proclamées à quelques kilomètres à l'ouest de Capharnaüm.

Saint Matthieu regroupe alors toute une série d'enseignements que Jésus a prodigués tout au long de son ministère comme les commentaires de Jésus sur les commandements, l'amour des ennemis, la paille et la poutre, …
(Mt 5-7) et (Lc 6, 20-49). Ci-dessous le mont des béatitudes

6. Du mont des béatitudes Jésus se rend à Naïm où il ressuscite le fils de la veuve de Naïm (Lc 7, 11-17). C'est alors que de sa prison Jean-Baptiste fait interroger Jésus pour lui demander s'il est vraiment le Messie (Lc 7, 18-35). De nouvelles contestations apparaissent. Jésus se plaint de Chorazeïn, Bethsaïde, Capharnaüm tout en louant les petits qui découvrent combien le Père est proche de chacun dans la personne de son Fils. Jésus invite à se reposer sur lui. Grandissent les incompréhensions, l'opposition familiale à Jésus ; on attribue à Béelzéboul la guérison par Jésus du démoniaque aveugle et muet (Mt 12, 22-37 ; Mc 3, 20-30 ; Lc 11, 14-26). Jésus refuse un miracle (Mt 12, 38-42 ; Lc 11, 29-32). Des liens nouveaux se créent avec Jésus : la notion de parenté naturelle fait place à la notion de parenté spirituelle (Mt 12, 46-50 ; Lc 8, 19-21). Jésus se plaint des pharisiens (Lc 11, 37-54), donne diverses instructions (Lc 12, 1-59) et invite au repentir (Lc 13, 1-5). Jésus loue devant Simon l'attitude de la pécheresse (Lc 7, 36-50). Des femmes deviennent disciples de Jésus (Lc 8, 1-3).

7. De Capharnaüm sur le bord du lac de Tibériade, Jésus enseigne les paraboles (Mt 13, 1-52 ; Lc 8, 4-18), nouveau langage qui montre comment grandit le Royaume de Dieu et quels en sont les obstacles (le semeur, la semence qui pousse d'elle-même, l'ivraie, le grain de sénevé (Lc 13, 18-19), le levain (Lc 13, 20-21), le trésor, la perle et le filet)
8. Après avoir parlé de la difficulté de la vocation à le suivre sans regarder en arrière (Mt 8, 19-22 ; Lc 9, 57-62), Jésus traverse le lac et apaise la tempête.

   Il délivre deux hommes en envoyant les démons dans un troupeau de porcs (Mt 8, 23-34 ; Mc 4, 35-5, 20 ; Lc 8, 22-39). L'église du monastère de Kursi à l'est du lac est le témoignage de cet épisode de l'Evangile. Voir ci-dessous

9. Revenu sur l'autre rive à Capharnaüm, Jésus rend la vie à Jaïre, fille du chef de synagogue (Mt 9, 18-26 ; Mc 5, 21-43 ; Lc 8, 40-56) et guérit deux aveugles (Mt 9, 27-31).
10. Jésus se rend alors à Nazareth et apprend l'inquiétude d'Hérode et l'exécution de Jean-Baptiste (Mt 14, 1-12 ; Mc 6, 14-29 ; Lc 9, 7-9).

Ci-dessous la prison de Machéronte où est détenu Jean-Baptiste

A Nazareth on veut rejeter Jésus (Mt 13, 53-58 ; Mc 6, 1-6 ; Lc 4, 16-30) et le précipiter d'une falaise.

11. Aux environs de la Pâque de l'an 29, Jésus se rend vers Béthsaïde où il multiplie les pains à partir de cinq pains d'orge pour nourrir la foule (Mt 14, 13-21 ; Mc 6, 31-44 ; Lc 9, 10-17 ; Jn 6, 1-13). Ayant rejoint ses apôtres en marchant sur les eaux (Mt 14, 22-33 ; Mc 6, 45-52 ; Jn 6, 16-21), ils arrivent à l'ouest du lac à Gennésaret avant de revenir à Capharnaüm où dans le discours sur le pain de vie, Jésus explicite le sens de la multiplication des pains (Jn 6, 22-71). A la suite de ce discours, Jésus connaît des défections.

Réflexions sur la réalité des miracles

Le miracle de la multiplication des pains n'est pas un simple geste de partage de pains que les gens avaient avec eux. D'autre part ce n'est pas non plus une création de pains (ex nihilo, c.-à-d. à partir de rien) mais bien une multiplication. Au cours de l'histoire de l'Eglise, on a assisté à de tels miracles qui dépassent notre entendement.

Marcher sur les eaux pour Jésus peut être un déplacement par lévitation.

IV La troisième année du ministère de Jésus de la Pâque de l'an 29 à la Pâque de l'an 30

Jésus étend son champ d'apostolat au-delà de la Galilée vers le nord.

1. Il guérit la fille de la syrophénicienne à Tyr (50 km de Capharnaüm) (Mt 15, 21-28 ; Mc 7, 24-30). Jésus passe par Sidon plus au nord et redescend vers la Décapole où il guérit un sourd-muet (Mc 7, 31-37). Faisant des guérisons dans les foules et arrivé vers Bethsaïde, il accomplit la seconde multiplication des pains (Mt 15, 32-39 ; Mc 8, 1-10) et de là va à l'ouest dans le pays de Magadan ou Magdala (l'emplacement de cette localité est discutée), dans la région de Dalmanoutha. Un signe du ciel est demandé à nouveau par les pharisiens mais Jésus annonce un seul vrai signe : le signe de Jonas (allusion à sa résurrection) (Mt 16, 1-4 ; Mc 8, 11-13 ; Lc 11, 29-32). Jésus et ses apôtres reprennent la barque et pendant la traversée ils discutent du levain des pharisiens (Mt 16, 5-12 ; Mc 8, 14-21 ; Lc 12,1).
2. Arrivé de nouveau à Bethsaïde, Jésus accomplit la guérison progressive d'un aveugle (Mc 8, 22-26) et se rend plus au nord dans les villages de Césarée de Philippe où Pierre confessera que Jésus est le Messie et même selon saint Matthieu, le Fils du Dieu vivant. Jésus annonce aussi pour la première fois sa Passion (Mt 16, 13-23 ; Mc 8, 27-33 ; Lc 9, 18-22).
3. On situe traditionnellement la transfiguration sur le mont Thabor au sud du lac de Tibériade alors qu'est possible aussi le mont Hermon au nord de Césarée de Philippe (Mt 17, 1-13 ; Mc 9, 2-13 ; Lc 9, 28-36).
   A la descente du mont Thabor, Jésus guérit un fils à l'esprit muet (Mt 17, 14-21 ; Mc 9, 14-29 ; Lc 9, 37-42). En route vers la Galilée, Jésus annonce pour la deuxième fois sa Passion (Mt 17, 22-23 ; Mc 9, 30-32 ; Lc 9, 44-45).

Ci-dessous le mont Thabor

4. A Capharnaüm, Jésus forme ses disciples : préséance, exorcistes concurrents, scandale des petits, correction fraternelle, prière, pardon (Mt 18 ; Lc 9, 46-48).
A Capharnaüm se situe l'épisode du didrachme (Mt 17, 24-27).
On discute alors à quelle fête Jésus va guérir le paralytique de Jérusalem qui se trouve près de la piscine à Bethesda ou Bethzatha (en araméen) (Jn 5, 1-47). Certains comme l'abbé Laurentin ont avancé le nouvel an juif (Rosh Hashana) qui débute le mois de Tishri (septembre-octobre). Il existe différentes hypothèses. Au lieu du mois de Tihsri 29, il y aussi la Pentecôte 29, l'Evangile ne disant pas que Jésus est allé à Jérusalem à la Pâque 29, moment de la multiplication des pains. On place aussi cet épisode avant la Pâque 29 à la fête de Pourim. La fête de Pourim est célébrée le 14 adar (février-mars) et commémore la délivrance du peuple juif racontée dans le livre d'Esther.

Ci-dessous la piscine de Bethzatha

5. Vu le danger imminent qui le guette, Jésus se pose la question de savoir s'il va monter à Jérusalem pour la fête des Tentes. Il y monte discrètement (Jn 7, 2-53) et puis il y délivre son enseignement malgré une première tentative d'arrestation : l'épisode de la femme adultère pardonnée (Jn 8, 1-11), la vraie lumière (Jn 8, 12-59) et la guérison de l'aveugle-né (Jn 9, 1-41 : ci-dessous la piscine de Siloé), le bon pasteur et le voleur (Jn 10, 1-39). Une hypothèse présente Jésus revenant en Galilée avant de retourner à Jérusalem à la fête de la Dédicace du Temple.
Vient alors la dernière montée de Jésus à Jérusalem.

6. Jésus doit fuir la Galilée car Hérode Antipas veut le tuer. Un village de Samaritains n'accueille pas Jésus (Lc 9, 51-56) mais trois hommes veulent le suivre (Lc 9, 57-62 ; Mt 8, 18-22). Il envoie en mission 72 disciples (Lc 10, 1-24) et relate la parabole du bon samaritain (Lc 10, 25-37). Jésus arrive chez ses amis à Béthanie (Lc 10, 38-42) et va délivrer la prière du « Notre Père » ainsi qu'un enseignement sur les qualités de la prière (Lc 11, 1-13).

7. Sur la route de Jérusalem, se pose la question de savoir qui sera sauvé (Lc 13, 22-30). Jésus guérit un hydropique le jour de sabbat (Lc 14, 1-6) et délivre un enseignement en paraboles : invité à des noces (Lc 14, 7-24), projet de bâtir une tour (Lc 14, 25-35), la brebis perdue (Mt 18, 12-14 ; Lc 15, 4-7), la drachme perdue (Lc 14, 8-10), le fils prodigue (Lc 15, 11-32), le gérant malhonnête (Lc 16, 1-13), le pauvre Lazare et le mauvais riche (Lc 16, 19-31). Jésus guérit dix lépreux (Lc 17, 11-19).

Jésus est interrogé par les pharisiens sur le moment de la venue du Royaume de Dieu (Lc 17, 20-37). Tout cela est illustré par « le juge inique et la veuve importune » (Lc 18, 1-8) ainsi que « le pharisien et le publicain » (Lc 18, 9-14).

8. Alors que Jésus se rapproche maintenant de Jérusalem, il délivre son enseignement sur le divorce (Mt 19, 3-12), mieux vaut ne pas se marier ; laissez venir à moi les petits enfants (Mt 19, 13-15 ; Mc 10, 13-16 ; Lc 18, 15-17), que dois-je faire pour hériter de la vie éternelle ? (Mt 19, 16-26 ; Mc 10, 17-27 ; Lc 18, 18-27), le centuple dès ici-bas (Mt 19, 27-30 ; Mc 10, 28-31 ; Lc 18, 28-30), les ouvriers de la dernière heure (Mt 20, 1-16).
Jésus annonce pour la troisième fois sa passion (Mt 20, 17-19 ; Mc 10, 32-34 ; Lc 18, 31-33). La mère des fils de Zébédée intercède auprès de Jésus pour ses deux fils ; les dix autres s'indignent : « que le plus grand soit serviteur » (Mt 20, 20-28 ; Mc 10, 35-45 ; Lc 22, 24-27).

Nous voilà fin décembre de l'an 29, en la fête de la Dédicace du Temple de Jérusalem, Jésus est accusé de blasphème pour s'être présenté comme Fils de Dieu.

9. Jésus fuit alors vers Béthanie, dans le territoire de Judée, au-delà du Jourdain. Puis il retournera à Béthanie près de Jérusalem ressusciter son ami Lazare (Jn 11, 1-46). Devant le danger qui le guette, il fuit à Ephraïm. D'Ephraïm il va vers Jéricho et en sortant de Jéricho, il guérit l'aveugle Bartimée (Mt 20, 29-34 ; Mc 10, 46-52 ; Lc 18, 35-43) et convertit Zachée (Lc 19, 1-10). Arrivé près de Jérusalem, il présente la parabole des mines (Lc 19, 11-27).

La Semaine Sainte

Samedi 1er avril ou dimanche 2 avril : A Béthanie, Marie oint les pieds de Jésus (Mt 26, 6-13 ; Mc 14, 3-9 ; Jn 12, 1-8) ; les grands-prêtres décident de tuer aussi Lazare.

Dimanche 2 avril ou lundi 3 avril : le triomphe des Rameaux ; de Bethphagé Jésus entre à Jérusalem acclamé comme roi (Mt 21, 1-11 ; Mc 11, 1-11 ; Lc 19, 28-38 ; Jn 12, 12-16).

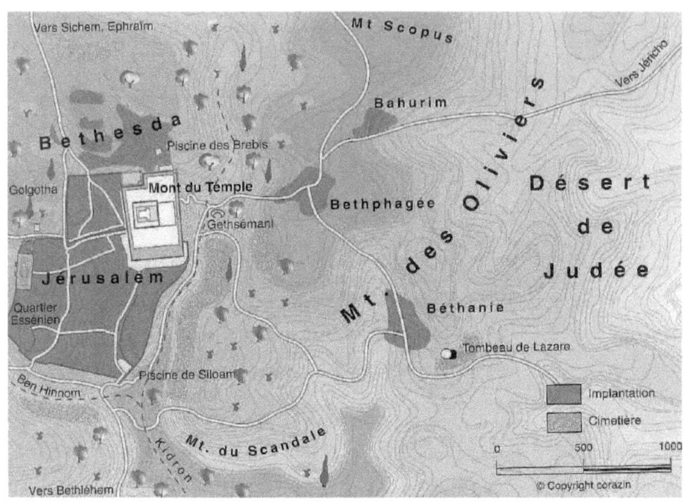

Jésus retourne au mont des Oliviers ou à Béthanie.

Ci-dessous le mont des Oliviers

Lundi 3 avril : Jésus maudit le figuier (Mt 21, 18-19 ; Mc 11, 12-14). Il chasse les vendeurs du Temple (Mt 12, 14-17 ; Mc 11, 15-19 ; Lc 19, 45-48 ; Jn 2, 14-16).

Mardi 4 avril : le figuier apparaît desséché (Mt 21, 20-22 ; Mc 11, 20-26).

Jusqu'au jeudi saint 6 avril au soir : Jésus est interrogé : par quelle autorité fais-tu cela (Mt 21, 23-27 ; Mc 11, 27-33 ; Lc 20, 1-8) ?

Jésus délivre son enseignement sur les deux fils (Mt 21, 28-32), la parabole des vignerons (Mt 21, 33-46 ; Mc 12, 1-12 ; Lc 20, 9-19), le vêtement de noces (Mt 22, 1-14 ; Lc 14,16-24), l'impôt à César (Mt 22, 15-22, Mc 12, 13-17 ; Lc 20, 20-26), les sept frères qui meurent sans postérité (Mt 22, 23-33 ; Mc 12, 18-27 ; Lc 20, 27- 40), le plus grand commandement (Mt 22, 34-40 ; Mc 12, 28-31 ; Lc 10, 25-28), de qui le Christ est le fils (Mt 22, 41-46 ; Mc 12, 35-37 ; Lc 20, 41-44), malédictions des pharisiens (Mt 23, 1-36), pleurs sur Jérusalem (Mt 23, 37-39 ; Lc 13, 34-35) et obole de la pauvre veuve (Mc 12, 41-44).
Vient ensuite le discours eschatologique sur la fin du monde ou d'un monde et le retour du Fils de l'homme (Mt 24, 1-44 ; Mc, 13, 1-37 ; Lc 21, 5-36). Jésus parle du maître de maison vigilant et de l'intendant fidèle et sobre (Mt 24, 45-51 ; Lc 12, 42-46), parabole des dix vierges (Mt 25, 1-13), des talents (Mt 25, 14-30) et du jugement dernier (Mt 25, 31-46).

Des Grecs veulent voir Jésus (Jn 12, 20-22), les Juifs sont incrédules et complotent (Mt 26, 1-5 ; Mc 14, 1-2 ; Lc 22, 1-2). Jésus invite à la foi en Lui.

Ci-dessous lieu où Jésus pleure sur Jérusalem

Jeudi 6 avril au soir : trahison de Judas (Mt 26, 14-16 ; Mc 14, 10-11 ; Lc 22, 3-6), préparation de la Pâque (Mt 26, 17-19 ; Mc 14, 12-16 ; Lc 22, 7-13), lavement des pieds (Jn 13, 1-20), annonce de la trahison de Judas par Jésus (Mt 26, 20-25 ; Mc 14, 17-21 ; Lc 22, 21-23 ; Jn 13, 21-30), institution de l'Eucharistie dans le bâtiment du Cénacle (Mt 26, 26-29 ; Mc 14, 22-25 ; Lc 22, 19-20 ; 1 Co 11, 23-25), le plus grand sera votre serviteur (Lc 22, 24-30), annonce du reniement de Pierre.

Après la Cène, Jésus se laisse aller à quelques confidences : je vais vous préparer une place, je suis le chemin, Jésus envoie son Esprit, je vous laisse la paix, je suis la vigne, je vous appelle mes amis, le serviteur n'est pas plus grand que son maître, la haine du monde, le départ de Jésus pour le don de l'Esprit, Jésus annonce son départ et son retour, toute vraie prière sera exaucée, la prière sacerdotale (Jn 14, 1-31 – Jn 15, 1-27 – Jn 16, 1-33 – Jn 17, 1-26). Jésus annonce pour la deuxième fois que Pierre va le renier.
Jésus se rend alors au jardin de Gethsémani où il connaît l'agonie (Mt 26, 36-46 ; Mc 14, 33-42 ; Lc 22, 40-46 ; Jn 18, 1). Jésus sera trahi par le baiser de Judas et arrêté (Mt 26, 47-56 ; Mc 14, 43-52 ; Lc 22, 47-53 ; Jn 18, 2-11).

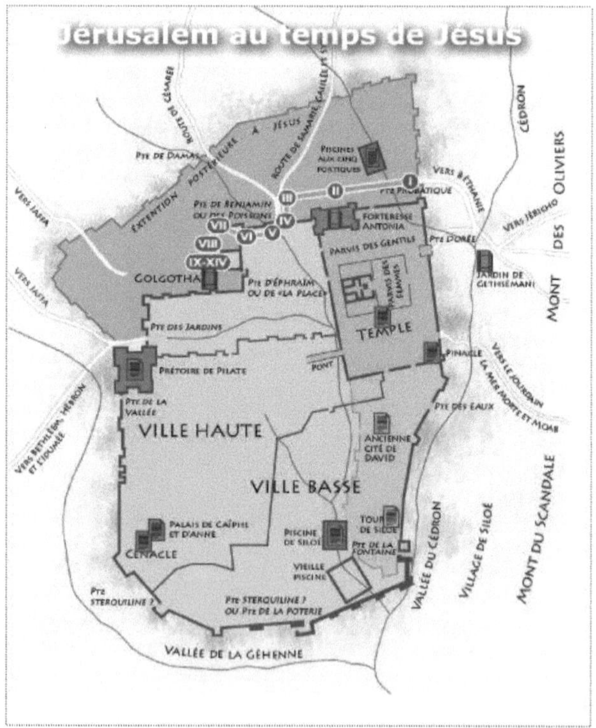

Vendredi 7 avril : ce vendredi matin a lieu le procès religieux de Jésus devant le Sanhédrin avec les reniements de l'apôtre Pierre. Jésus comparaît d'abord devant le grand-prêtre Anne (Jn 18, 12-16) puis Caïphe (Mt 26, 57-68 : Mc 14, 53-65 ; Lc 22, 54). Pierre renie Jésus (Mt 26, 69-75 ; Mc 14, 66-72 ; Lc 22, 55-62 ; Jn 18, 17.25-27).
Le Sanhédrin condamne définitivement Jésus (Lc 22, 66-70).

Vient ensuite le procès romain avec la comparution de Jésus devant Pilate.
Jésus est envoyé chez Hérode Antipas (Lc 23, 8-12) puis à nouveau devant Pilate.
La foule réclame la libération de Barabbas (Mt 27, 15-26 ; Mc 15, 6-15 ; Lc 23, 13-25 ; Jn 18, 28-40). Pilate ordonne la flagellation de Jésus. La flagellation est un châtiment atroce car la poignée que tenait le soldat se ramifiait en de nombreuses lanières formées de pointes si bien que la chair était arrachée par lambeaux.

Jésus est couronné d'épines (Mt 27, 27-31 ; Mc 15, 16-20 ; Jn 19, 2-3).
Pilate essaie en vain de libérer Jésus (Jn 19, 4-16). Judas met fin à ses jours (Mt 27, 3-10).

Jésus est emmené au Golgotha pour être crucifié (Mt 27, 32-44 ; Mc 15, 21-27 ; Lc 23,26-38 ; Jn 19, 17-24).
Au moment de la crucifixion, on offrait du vin mélangé à de la myrrhe (résine) qui est une sorte d'analgésique mais Jésus refuse d'en prendre. On clouait un clou dans chaque poignet et un plus long qui transperçait les deux pieds placés l'un sur l'autre. Jésus est entouré de deux malfaiteurs dont un repentant (Lc 23, 39-43). Jésus confie sa mère à Jean (Jn 19, 25-27). Les ténèbres envahissent la terre (Mt 27, 45-56 ; Mc 15, 33-41 ; Lc 23, 44-49) ; Jésus meurt par asphyxie comme c'est le cas pour les crucifiés.

La mort de Jésus est constatée (Jn 19, 31-37) : un coup de lance transperce son cœur du côté droit vers le côté gauche en passant sous les côtes. Jésus est descendu de la croix et mis dans un tombeau creusé dans le roc (Mt 27, 57-61 ; Mc 15, 42-47 ; Lc 23, 50-56 ; Jn 19, 38-42). Une garde est placée devant le sépulcre (Mt 27, 62-66).

Ci-dessous la basilique du Saint-Sépulcre à Jérusalem qui contient à la fois la butte sur laquelle Jésus a été crucifié et le tombeau dans lequel il a été enseveli.

Dimanche 9 avril : de grand matin les femmes se rendent au tombeau et le trouvent vide (Mt 28, 1-8 ; Mc 16, 1-8 ; Lc 24, 1-11 ; Jn 20, 1-2). Ensuite arrivent Pierre et Jean (Jn 20, 3-10 ; Lc 24, 12).

Jésus apparaît en premier à Marie de Magdala (Mc 16, 9-11 ; Jn 20, 11-18) puis aux autres femmes (Mt 28, 9-10). Les soldats qui gardaient le tombeau sont soudoyés pour qu'ils ne racontent pas l'événement comme il s'est passé (Mt 28, 11-15). Le soir, Jésus rencontre les disciples d'Emmaüs (Mc 16, 12-13 ; Lc 24, 13-35) et plus tard encore les apôtres réunis au cénacle alors que Thomas n'est pas présent (Mc 16, 14 ; Lc 24, 36-49 ; Jn 20, 19-24) mais il sera bien présent huit jours plus tard lorsque Jésus confie explicitement à ses apôtres le pouvoir de pardonner les péchés (Jn 20, 25-29).

Jésus apparaît au bord du lac de Tibériade confiant à Pierre la mission de berger ou pasteur universel (Jn 21, 1-23).
Jésus apparaît encore sur une montagne en Galilée (Mt 28, 16-20 ; Mc 16, 15-18).
L'Ascension de Jésus aura lieu au mont des Oliviers en allant vers Béthanie (Mc 16, 19-20 ; Lc 24, 50-53 ; Ac 1, 9-11).
Saint Jean conclut son Evangile en écrivant qu'on ne sait pas rendre compte de tout ce que Jésus a fait (Jn 20, 30-31 et Jn 21, 24-25).

Chapitre V Jésus, Fils unique de Dieu, Sauveur et Roi

Jésus (mot hébreu qui veut dire Dieu sauve) est le Messie (mot hébreu qui veut dire oint) ou le Christ (mot grec qui veut dire oint).

Dans les chapitres précédents, nous avons déjà abordé la question de Jésus, Fils unique de Dieu, Sauveur ou Rédempteur. Rédemption vient d'un mot latin qui veut dire rachat.

Jésus révèle Dieu comme étant tout entier Père, Dieu étant tout entier Fils et Dieu étant tout entier Esprit d'amour. Paternité, Filiation et Esprit d'Amour révèlent que Dieu est par nature Relation. De façon un peu simple on pourrait dire que la Trinité, ce n'est pas 1 + 1 + 1 = 1 mais 1 x 1 x 1 = 1.

Nous avons montré comment Jésus est prophète et se situe dans la ligne des prophètes et comment il est vrai prêtre. Son sacerdoce unique nous réconcilie avec Dieu dans le sacrifice de la croix et fait de nous des vrais fils ou filles de Dieu, fils dans le Fils. Montrons maintenant comment Jésus est vrai roi.

Parce que le Christ est vrai Dieu et vrai homme, toute erreur sur le Christ devient une erreur sur Dieu et sur l'homme.

Si on nie que le Christ est vrai Dieu, le comportement du Christ, ses paroles et ses commandements n'ont pas de valeur universelle et éternelle. L'homme ne sait pas ce qu'il doit faire ni qui il doit suivre.

Si on nie que le Christ est vrai homme, Dieu ne nous a pas vraiment rejoints ni sauvés et la vie chrétienne devient une fuite de la vie terrestre, un illuminisme.

C'est parce que Jésus est vrai Dieu et vrai homme que nous sommes vraiment sauvés. Seulement un « Dieu » peut nous faire entrer en communion avec Lui et nous faire participer à la vie divine ou la vie de la grâce. En proclamant le Christ vrai Prêtre, nous proclamons que le Christ seul nous donne la vie divine. En proclamant le Christ vrai Roi, nous proclamons que le Christ seul nous donne le sens du pouvoir qui est le service du bien commun.

Que le Christ soit Roi de nos âmes et de nos cœurs est facilement admis de même qu'il soit Roi de l'univers. Aujourd'hui on perçoit moins que le Christ est aussi Roi des peuples et des nations. Le mot peuple met l'accent sur un ensemble de personnes et de familles tandis que le mot nation met l'accent sur le lieu géographique occupé par ce peuple.

Si Jésus est bien Roi dans l'ordre spirituel (« Mon Royaume n'est pas de ce monde »), il est aussi Roi dans l'ordre temporel. Devant Ponce-Pilate, Jésus affirmera qu'il est bien roi.

La royauté spirituelle de Jésus s'exerce directement par l'Eglise qui nous dirige par le Pape et les évêques ; le Christ Jésus nous donne la grâce surnaturelle par les sacrements avec les vertus surnaturelles et les dons du Saint-Esprit pour mener une vie chrétienne. La royauté spirituelle de Jésus possède aussi un pouvoir législatif (la loi divine, les dix commandements), un pouvoir exécutif (chacun doit suivre librement ce que l'Evangile nous commande), un pouvoir judiciaire (Jésus et la femme adultère).

La royauté temporelle de Jésus ne s'exerce pas directement mais par l'intermédiaire des responsables légitimes des nations et des peuples. Ceux-ci acquièrent une véritable autorité dans la mesure où ils exercent leur pouvoir légitime selon les paroles et les commandements de Dieu qui nous sont communiqués par le Christ et son Eglise. La réalisation du bien commun est le but de l'exercice de tout pouvoir temporel que ce soit le pouvoir législatif, exécutif et judiciaire. Si on refuse un pouvoir temporel à Jésus - certes qu'il n'exerce pas directement -, le monde n'est pas véritablement guidé et serait séparé de Dieu.

En perdant de vue que le Christ est vrai Roi non seulement dans l'ordre spirituel mais aussi dans l'ordre temporel, le pouvoir temporel exercé par les hommes sur une nation ou sur un peuple risque de s'absolutiser et de devenir dictature ou bien de tomber dans un relativisme qui s'écarte de l'enseignement du Christ et qui ne conduit pas à la réalisation du bien commun et des personnes considérées individuellement.

Le bien commun est appelé commun car il est commun à chaque personne. Ce bien commun n'est pas matériel mais spirituel. C'est le bien de la justice pour les personnes qui sont en relation entre elles. Dans un orchestre, chaque instrumentiste est une partie du tout de l'orchestre. Le bien commun est l'œuvre symphonique qu'on joue. C'est le but que poursuit chaque instrumentiste. Si un instrumentiste ne remplit sa fonction qu'au nom de son bien personnel, c'est non seulement le bien commun qui n'est pas atteint mais aussi le bien personnel de l'instrumentiste qui s'est séparé de l'œuvre interprétée.

Dans la constitution pastorale de l'Eglise dans le monde de ce temps, le concile Vatican II (1962-1965) présente les cinq domaines de la vie en société, domaines dans lesquelles le chrétien est invité à réaliser un apostolat en vivant les vertus théologales et morales (les quatre vertus morales principales sont appelées vertus cardinales : prudence, justice, force morale et tempérance).

Ces cinq domaines de la vie du monde sont :

1. La vie familiale
2. La vie culturelle (intellectuelle, beaux-arts)
3. La vie socio-économique
4. La vie politique (comme moyen d'organiser la vie de la nation, des régions, des provinces, villes, villages, ...)
5. La vie internationale (par exemple les relations entre les Etats)

La vocation chrétienne est de devenir l'instrument de Jésus pour que Lui-même et sa Loi règnent dans les différents domaines de la vie en société.

Conclusion

A la fin de sa longue vie, saint Jean a exprimé d'une façon unique qui est Jésus et qui est Dieu son Père en écrivant dans sa première lettre : Dieu est Amour (1 Jn 4, 8).

Ce mot galvaudé et qui revêt diverses acceptions pourrait être défini ainsi :

Aimer, c'est rechercher le bien commun et surnaturel de l'humanité. Voilà ce que Dieu fait, ce que Jésus a fait et continue de faire aujourd'hui dans sa condition glorieuse.

Ce présent ouvrage se conclut par un extrait des écrits de Sœur Joséfa Menéndez, décédée à Poitiers en 1923 qui résume admirablement la raison d'être de ce livre.

C'est l'Amour qui créa l'homme et tout ce qui existe pour le mettre à son service.

C'est l'Amour qui inclina le Père à donner son Fils pour le salut de l'homme perdu par sa faute.

C'est l'Amour qui fit qu'une Vierge très pure... consentit à devenir la Mère de Dieu et accepta toutes les souffrances que la Maternité divine devait lui imposer.

C'est l'Amour qui fit naître Jésus... dépourvu de tout.

C'est l'Amour qui cacha Jésus trente ans dans la plus totale obscurité et les plus humbles travaux.

C'est l'Amour qui fit choisir à Jésus la solitude et le silence : vivre inconnu de tous et volontairement soumis aux ordres de sa Mère et de son père adoptif.

C'est l'Amour qui fit embrasser à Jésus toutes les misères de la nature humaine.

C'est l'Amour qui fit souffrir Jésus des mépris les plus ignominieux et des tourments les plus horribles... répandre son Sang et mourir sur la Croix pour sauver l'homme et racheter le genre humain.

C'est aussi l'Amour qui donna les sacrements.

<u>Acte de consécration du genre humain au Christ-Roi (au Sacré-Cœur) par le Pape Pie XI (1922-1939)</u>

Très doux Jésus, Rédempteur du genre humain, jetez un regard sur nous, qui sommes humblement prosternés devant votre autel.

Nous sommes à vous, nous voulons être à vous, et afin de vous être plus étroitement unis, voici que, en ce jour, chacun de nous se consacre spontanément à votre Sacré-Cœur.

Beaucoup ne vous ont jamais connu ; beaucoup ont méprisé vos commandements et vous ont renié. Miséricordieux Jésus, ayez pitié des uns et des autres et ramenez-les tous à votre Sacré-Cœur.

Seigneur, soyez le Roi, non seulement des fidèles qui ne se sont jamais éloignés de vous, mais aussi des enfants prodigues qui vous ont abandonné ; faites qu'ils rentrent bientôt dans la maison paternelle pour qu'ils ne périssent pas de misère et de faim.

Soyez le Roi de ceux qui vivent dans l'erreur ou que la discorde a séparés de vous ; ramenez-lez au port de la vérité et à l'unité de la foi, afin que bientôt il n'y ait plus qu'un seul troupeau et qu'un seul pasteur.

Accordez, Seigneur, à votre Eglise une liberté sûre et sans entraves ; accordez à tous les peuples l'ordre et la paix ; faites que d'un pôle à l'autre, une seule voix retentisse : Loué soit le Divin Cœur qui nous a acquis le salut ; à Lui honneur et gloire dans tous les siècles.

En résumé, qui est Jésus ?

Jésus de Nazareth est né vers l'année -5 et est mort crucifié à Jérusalem le vendredi 7 avril 30 du calendrier julien. Ressuscité il s'est montré vivant pendant plusieurs semaines à de nombreux témoins.

Jésus est le Messie ou le Christ : le mot Christ vient du grec et le mot Messie vient de l'hébreu. Les deux mots se traduisent par oint, ce qui veut dire choisi ou envoyé par Dieu.

Jésus est le Fils de Dieu : le Fils de Dieu existe depuis toujours. Cela veut dire que le Fils de Dieu est éternellement Dieu né de Dieu. Le Fils de Dieu existe avant Marie mais Jésus, le Fils de Dieu fait homme, commence à exister lors de sa conception dans le ventre de Marie. Il est le Fils de l'homme.
Dire que Jésus est Seigneur, c'est dire que Jésus est l'égal de Dieu.

Jésus est Prophète : Jésus nous dit les paroles et les pensées de Dieu.

Jésus est Prêtre : Jésus s'offre à Dieu (prêtre) et est offert à Dieu (victime) pour que nos péchés soient effacés et que nous vivions de la vie de Dieu, Père, Fils et Esprit Saint. On dit que Jésus nous a rachetés : il est notre Rédempteur ou notre Sauveur. Le Christ et son Eglise nous transmettent par les sacrements la vie de la grâce avec les vertus surnaturelles et les dons du Saint-Esprit.

Jésus est Roi : Jésus est roi dans l'ordre spirituel. Il est aussi roi dans l'ordre temporel mais cette royauté temporelle n'est pas exercée directement mais est appelée à s'exercer par l'intermédiaire des responsables des peuples et des nations.

Bibliographie

Chapitre I

S. Dockx, o.p., Chronologies néotestamentaires et vie de l'Eglise primitive, Paris – Gembloux, Duculot, 1976, 301 p.

Site internet de l'IMCCE, institut de mécanique céleste et de calcul des éphémérides, Paris

Chapitre II et Chapitre III

Daniel-Rops, Jésus en son temps, t. 1, Liège, Soledi, 1946, 412 p.
Daniel-Rops, Jésus en son temps, t. 2, Liège, Soledi, 1946, 390 p.

Jacques Briend et Michel Quesnel, La vie quotidienne aux temps bibliques, Paris, Bayard, 2001, 235 p.

Pierre Gendarme, Annoncer la foi dans les paroisses, Saarbrücken, Croix du Salut, 2017, 47 p.

Jacques Maritain, De la grâce et de l'humanité de Jésus, Bruges, Desclée De Brouwer, 1967, 153 p.

Doctor communis, Rivista quadrimestrale della Pontificia Accademia di S. Tommaso, La visione beatifica di Christo Viatore, numero speciale, maggio-dicembre 1983, pp. 380-383

Chapitre IV

La Bible de Jérusalem, Nouvelle édition revue et corrigée, Paris, Cerf, 2012, 2195 p.

P. Benoit & M.-E. Boismard, synopse des quatre Evangiles en français, t. 1, Dijon, Cerf, 1977, 374 p.

René Laurentin, Nouveau diatessaron, Les quatre Evangiles en un seul, t. 1, Librairie Arthème Fayard, 2002, 416 p.

René Laurentin, Vie authentique de Jésus Christ, t. 2, Paris, Fayard, 1997, 236 p.

Chapitre V

Pie XI, encyclique Quas Primas, Liège, Soledi, La pensée catholique, 1926, 28p.

Concile œcuménique Vatican II, décret Gaudium et spes (constitution pastorale sur l'Eglise dans le monde de ce temps), Paris, Centurion, 1972, pp. 209-348

Illustrations

Page de couverture christian-1316168 1920.jpg

p. 2 www.fr.aleteia.org

p. 7 www.chretiensaujourdhui.com

p. 8 www.antiquitas.hypotheses.org

p. 9 www.fr.123fr.com

p. 10 www.Ids.org

p. 12 www.franceculture.fr

p. 14 www.traditions-monastiques.com

p. 15 www.bloguette47.elkablog.com

p. 18 www.paroisse-villars.com

p. 19 www.fr.wikipedia.org www.fr.aleteia.org www.wikiwand.com

p. 20 www.fr.aleteia.org www.fr.wikipedia.org www.fr.wikipedia.org

p. 21 www.fr.wikipedia.org

p. 22 www.amazon.com

p. 31 www.pinterest.com

p. 32 www.fr.wikipedia.org

p. 33 www.twitter.com www.americas-fr.com

p. 34 www.alterinfo.net www.atelierstseraphim.com

p. 35 www.aufildelapensee.blog

p. 36 www.fr.wikipedia.org

p. 37 www.terres.bibliques.pagesperso-orange.fr

p. 39 www.fr.aleteia.org

p. 40 www.fr.wikipedia.org

p. 41 www.routard.com www.holyland-pilgrinage.org

p. 43 www.fr.wikipedia.org www.interbible.org

p. 44 www.art-sacre.net

p. 46 www.wiki.ebior.be www.voyage-nature.over-blog.com

p. 47 www.fr.wikipedia.org

p. 48 www.terrepromise.fr

P. 49 www.traditions-monastiques.com

p. 50 www.fr.wikipedia.org www.astrosurf.com

P. 53 www.youtube.com

TABLE DES MATIERES

Jésus de Nazareth dans le temps et l'éternité

Le but de l'ouvrage est d'établir la véracité historique de ce qu'on peut affirmer de Jésus de Nazareth. L'ouvrage essaie de montrer aussi l'influence que la foi en Jésus peut avoir sur le déroulement de l'histoire des sociétés et de toute l'humanité.

Pierre Gendarme, né le 5 mars 1959, prêtre du diocèse de Tournai en Belgique
Le diocèse de Tournai couvre la province du Hainaut, une des dix provinces de Belgique.
Actuellement curé des paroisses situées sur les communes d'Ellezelles et de Flobecq

Printed by Books on Demand GmbH, Norderstedt / Germany